JN033146

野菜・果物・魚介・肉
365日おいしいびん詰め

保存食 & 食べ方テク

朝日新聞出版

旬に詰め込んだ保存食を楽しもう

保存食を作るようになったきっかけは、10年ほど前に買ったかき氷機。かき氷にかけるフルーツのシロップ作りからはじまりました。少しずつ改良しながら作り続け、10年以上たった今では、夏に備えて、旬のフルーツを仕込むのが習慣になっています。

自家製の保存食は、市販品にはない自分だけの味を作れ

るのが魅力です。当然、保存料などの添加物を使わないので、見た目が少々悪いこともありますが、それも含めて、だんだんと愛着がわいてきます。食材を見て、季節を感じられるのも楽しいところ。

本書では、昔ながらの作り方を基本に、冷蔵庫や冷凍庫を使い、塩分や糖分を多少控えめにして、素材そのものの

味を、より手軽に楽しめるようアレンジしています。作り方は材料になるべく無駄が出ないようシンプルに、できあがり量も少なめにしているので、余ることもありません。

もし、街で気になる食材を見つけたら、ぜひ、作ってみてください。そして、自分だけのお気に入りの味を見つけていただけたらうれしいです。

ダンノマリコ

この本の使い方

**わかりやすい
プロセス写真**

保存食を作る際の、詳しい
プロセス写真を豊富に掲載。
ポイントを写真で確認でき
るから、保存食も迷わず作
れます。

作りたい季節

保存食に使う食材の旬を紹
介しています。巻末の旬ご
とのさくいんを使うと、そ
の季節に作りたい保存食が
検索できます。

保存期間

写真の保存方法で保存
した保存期間を掲載し
ています。「ー」となっ
ているものは、その保
存方法が適していない
ことを示します。

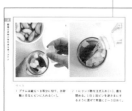

食べ方

そのままはもちろん、
さらにおいしくなる保
存食の食べ方をご紹介。

適した保存容器

「アルミホイル」「ほう
ろう」「保存ビン」「フ
リーザーバッグ・ポリ
袋」「コンテナ」など、
主に使用する適した保
存容器は黄色になって
います。

**おすすめの食べ方を
写真つきで**

著者がおすすめする食べ方
を写真と簡単なレシピでご
紹介します。

**材料は
作りやすい分量**

材料は作りやすい分量を基
本としています。全量が表
示されているものは、お持
ちの保存容器の容量を見な
がらご使用ください。

MEMO

食材の選び方や下ごしらえ、
調理のコツや、保存する際
のポイントなどをわかりや
すく解説。

- 計量単位は大さじ1＝15㎖、小さじ1＝5㎖、
  1カップ＝200㎖、米1合＝180㎖です。
- 「少々」は小さじ1/6未満を、「適量」はちょ
  うどよい量を入れること、「適宜」は好みで
  必要があれば入れることを示します。
- 塩は下味や下処理に使うものは焼塩、それ以
  外は粗塩を使っています。
- 調理で使う袋は、ビニール製ではなく、ポリ
  エチレン製のものを使ってください。
- 野菜類は特に記載のない場合、皮をむくなど
  の下処理を済ませてからの手順を説明してい
  ます。

- 電子レンジは600Wを基本としています。500W
  の場合は加熱時間を1.2倍にしてください。
  機種によって加熱時間に差があることがあるの
  で、様子を見ながら加減してください。
- 旬は地域によって差があることがあります。
- 保存期間は目安の期間です。住環境、季節、
  室温、湿度などの条件によって、保存期間に
  差がでることがあります。また、容器によっ
  ても保存期間は変わります。
- 材料欄に全量とビンの本数が両方記載されて
  いるものは、小分けに保存するのがおすすめ
  です。

しっかりマスター！

保存食の基本

保存食を作る前に、まずは保存食について説明します。保存食の種類や道具のこと、衛生的に保存するための消毒方法や、注意しておきたいことをおさえましょう。

保存食の基本

旬の食材を仕込んで、
おいしく食べ切る保存食。
作り方や保存の基本を
おさえましょう。

保存用に加工しておいしく
保存食は、食材を大量に
買い込んで、時間をかけて
仕込むもの、と思っていま
せんか？　この本の保存食
は、たくさん作らずに少し
ずつ仕込むタイプです。次
のシーズンまでに食べ切れ
る量を仕込み、次の年も保
存食作りを楽しむ。自分の
食べる量やペースに応じて、
量を増やしていくのがおす
すめです。　保存食を作って
おけば、普段の食事はもち
ろん、突然の来客やおすそ
分けにも重宝します。

1 干す

食品の中の水分が蒸発し、表面が乾燥することで雑菌が繁殖しにくく、水分が減ることで旨味、糖度を強く感じます。干す時間が長いほど保存期間も長くなります。

1 干し野菜

食材を適当な大きさに切ってザルに広げ、風通しのよい場所で天日干しに。天候が優れず、湿度が高いときは冷蔵庫に移動します。

セミドライミニトマト …… **P.52**
干しきのこ …………………… **P.99**

2 ドライフルーツ

風通しのよい場所で天日干しにし、天候が優れず、湿度が高いときは冷蔵庫に移動を。糖分が高いとカビが生えやすいので注意します。

セミドライフルーツ …… **P.112**

3 干物

魚介は風通しのよい場所で陰干し、一夜干しにするのが基本ですが、本書では一定の温度で風も回っている冷蔵庫で乾燥させています。

あじの干物 ……………… **P.144**
さんまのみりん干し … **P.178**

MEMO

食材を干すことで栄養価が高まる

野菜や果物、魚介を干すと、保存性だけでなく、水分が蒸発して栄養素が凝縮。ビタミンDやビタミンB群、カルシウムなどの栄養価が高まることが知られています。

調味料に漬けることで、水分を外に出したり、雑菌の繁殖を抑えて、生の食材の保存性を高めます。食材自体の旨味に調味料の旨味が加わり、味の幅が広がります。

1 塩・しょうゆ漬け

漬けることで、食材の水分を外に出し、発酵や熟成をして旨味が増します。

豚肉の塩漬け ······ **P.232**

2 酢漬け

酢の殺菌作用で保存性アップ。酢は火にかけて、酸味をまろやかにして。

うどの和風ピクルス ··· **P.24**

3 みそ・酒粕漬け

漬け床で食材を覆うことで、水分を外に出し、空気に触れず保存性が高まります。

いかの粕漬け ······ **P.199**

4 オイル漬け

オイルが空気を遮断するので雑菌が入らず、おいしい状態が長持ちします。

鮭のオイル漬け ······ **P.164**

5 シロップ漬け

濃度の高いシロップでフレッシュ感を残したまま、食材の水分を外に出します。

桃&ぶどうのシロップ漬け **P.132**

MEMO

塩分や糖分の保存性

調味料の濃度が高いほど、水分を外に出す作用が強くなり保存性が高まるので、保存期間が長くなります。

3 煮る

火を入れることで雑菌を抑え、調味料も加わるので保存性が高まります。蓋を開ければ雑菌が入って傷みやすくなるので、使いやすい分量ずつ、小分けにして保存を。

1 砂糖煮

主に果物や野菜を砂糖などと一緒に煮込むことで、食材自体の水分を外に出し、加熱することで保存性が高まります。

りんごジャム ……… **P.122**
金柑のシロップ煮 …… **P.124**

2 オイル煮

オイルと一緒に煮て保存するので、空気に触れることなく、酸化による劣化を防ぎます。また、油の中は微生物の繁殖を防げます。

するめいかのオイル煮 …… **P.194**
砂肝と骨つき肉のコンフィ … **P.230**

3 しょうゆ煮（佃煮）

塩分の強いしょうゆで煮ることで、食材の水分を外に出します。特に佃煮は、水分をしっかり蒸発させるので保存性が高くなります。

きゃらぶき ……… **P.78**
ホタテの佃煮 ……… **P.213**

MEMO

**オイル煮を
保存するときは**

オイル煮はオイルに浸かっていない部分がカビやすいことがあるので、食材がオイルから出ないように保存すると長持ちします。オイル漬けも同様に保存して。

保存食作りの道具のこと

保存食を作る前に
そろえておきたい道具を
チェックしましょう

旬の食材を仕込んだり、保存する際に必要な道具を確認しましょう。本書では、主にビンを使用していますが、大きいものや水分の多いものは、コンテナ・ほうろうなどの保存容器や、ポリ袋などを使用しています。それぞれの特徴を知って、家にあるものを利用してください。

a コンテナ

水分の多いもの以外にも、乾燥、冷凍庫へのにおい移りを防ぎたいものを入れて保存。

d ポリ袋（ビニール袋）

半透明なポリ袋は加熱もOK。透明なビニール袋は熱に弱いので、ポリ袋を使用して。

b ほうろう

容器ごと加熱調理ができて、そのまま保存可能で冷凍もOK。長期保存には不向き。

e フリーザーバッグ

ポリ袋同様、袋ごとゆでることができる。丈夫なので凹凸のある食材の保存にも。

c ラップ（左）

水分の少ない食材の保存に。乾燥しやすいのでコンテナに入れるかアルミホイルで包んで。

c アルミホイル（右）

乾燥を防ぐために、ラップに包んでから覆う。主にコンテナに入らないときに使う。

ビンの蓋は少し深めの
スクリューキャップがおすすめ

ビンは乾燥を防ぎ、加熱調理もで
きて、蓋の素材によっては冷凍も
OK。空気が入り込みにくく、汁
漏れや腐敗の原因になりにくいス
クリューキャップがおすすめです。

a 密封ビン 750㎖

蓋にシリコンのパッキンがつい
ているビンは密閉性が高く、梅
干しなど酸が強いもの向き。

b キャニスタータイプ

冷凍はNGなので冷蔵に。口が広
いので詰めやすく、大きめの素
材を入れるのに便利。

c カラフェタイプ

ドリンクを注ぎやすい保存ビン。
軽く蓋をすることも、密閉して
冷凍することもOK。

d ガラス保存ビン 280㎖

蓋がスクリュー型なので、密閉
性が高い。冷凍もOKなので、本
書で一番使用している。

d ガラス保存ビン 800㎖

ガラスビンの中でも大きいタイ
プ。大根や白菜の漬け物、サワ
ードリンクの保存に。

d ガラス保存ビン 150㎖

少量の野菜のオイル漬けやしょ
うゆ漬け、魚の粕漬けなどの保
存に。180㎖サイズも便利。

d ガラス保存ビン 85㎖

山椒塩漬け、木の芽みそ、塩辛、
あん肝など、少量ずつ楽しむ保
存食に便利なサイズ。

そろえておくと便利な道具

★は必須

★デジタルはかり

計量カップ同様に、食材や調味料の計量に。塩、砂糖などグラムで計量するので、デジタル表示されるタイプが便利。

★計量カップ

水や調味料の計量に必須。軽くて使いやすいのはプラスチック製。目盛りつきが便利。大さじ小さじも常備して。

ペーパータオル

食材から出た水分を拭き取るために使う。あまりに薄いタイプだと破れてしまうので、厚手のものを選んで。

ボウル

食材の下ごしらえや、調味料をまぶすなどの調理以外にも、ポリ袋などに液体を注ぎ入れるときの下皿としても。

ザル、茶こし

食材の水分をきる、液体をこすなど様々な場面で使う。持ち手つきが便利。茶こしは量の少ないものをこすときに。

バット

保存食を作る際に、食材を並べておいたり、肉や魚に均一に塩をふるときにも使い勝手がよく、あると便利。

平ザル

野菜や魚を干すとき、ゆでた野菜を冷ますときに。手に入らないときはバットを使い、ときどき食材を裏返せばOK。

鍋

食材をゆでたり、煮たりするときに。酸に強いほうろうやステンレス製が便利。食材に合わせた大きさを用意して。

トング

煮沸用トングは、熱々のビンを取り出すときに便利。普通のトングを使うときはやけどに注意。

16

ビンの消毒のこと

長くおいしく食べ切るためにも
保存食作りの基本ともいえる
ビンの消毒をおぼえましょう。

1 煮沸消毒

雑菌は熱に弱いので、ビンを
一定時間煮沸することで消毒
を。冷たいビンを熱湯に入れ
たり、熱湯から冷水に入れた
りすると割れる場合があるの
で、温度差には注意が必要で
す。ビン同士がぶつかるくら
いグラグラと煮るのも厳禁。
鍋の底に布巾を敷いておくと
安心。

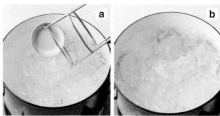

鍋にビンと蓋を入れてかぶるくらいの水を入れて中火
にかけます。沸騰してきたら蓋は取り出し（**a**）、グラ
グラしない程度の火加減で10分ほど煮て（**b**）から取
り出し、自然乾燥させます。

2 アルコール消毒

鍋に入らないサイズのビンや、
耐熱性の低い保存容器には、
アルコール消毒がおすすめで
す。まずは、ビンと蓋を食器
用洗剤で洗い、水けを拭き取
ったあとに、食品用のアルコ
ールスプレーを吹きかけ、蒸
発するまでおきます。

長く保存するための

ポイント&
注意点

保存食をビンや保存容器に入れる際のポイントと注意点をおさえましょう。

1 蓋は新しいものを

一度使った蓋は内側のシリコン部分に傷がつき、空気が入って密閉できず、食材の色やにおいがつくことも。蓋は新しいものを用意。

2 ビンに詰めるときの注意点

内容量とビンの大きさに差が出ないようにしましょう。ただし冷凍するときは膨張するので8割以下の量にするのがポイント。

3 密閉性を高めるために

熱いものを詰めるときは、フチまで入れてすぐに蓋をしっかり閉め、逆さまにして冷ますと密閉性が高まります。また、袋の空気を抜くときは、水を張ったボウルに沈めると空気がきれいに抜けます。

MEMO

蓋が開かなくなったら

「鍋に湯を張り、蓋をつけて温める」「蓋のフチに直火をあてる」「蓋の上面の縁を包丁の背などで軽く叩く」など試してみましょう。

4 蓋を閉めるとき

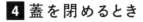

閉めるときは、ビンのフチをきれいに拭きましょう。糖分や塩分がついていると蓋が開かない原因に。酸味のあるものはサビが出るので要注意。

18

PART 2

野菜と果物

の保存食&食べ方テク

野菜の保存食は、普段のおかずに活躍してくれるものが多いので、ストックしておくと便利です。果物も季節ごとに仕込んでおけば、食べたくなったときにすぐ使えます。

作りたい季節	保存期間		食べ方
	冷蔵	冷凍	
春～夏 5～7月 1 2 3 4 5 6 7 8 9 10 11 12	**1** 週間	ー	そのまま、サラダやワインのつまみに
アルミホイル	ほうろう	保存ビン	フリーザーバッグ・ポリ袋	コンテナ

アスパラのオイル漬け

焼いたら、あとはオイルを注ぐだけ

材料（全量140㎖）

アスパラガス …………… 太めのもの4本
塩 ……………………………… 2つまみ
オリーブオイル…………… 大さじ3～4
（容器により異なる）

MEMO

保存ビンの大きさに合わせて

アスパラガスはビンにすき間なく詰めるとオイルの量に無駄が出ないので、ビンの大きさに合わせてアスパラガスの分量は調整しましょう。また、根元の切り口が瑞々しいほど新鮮です。食べたあとに余ったオイルは、サラダにかけたり、炒め物の油として使えます。

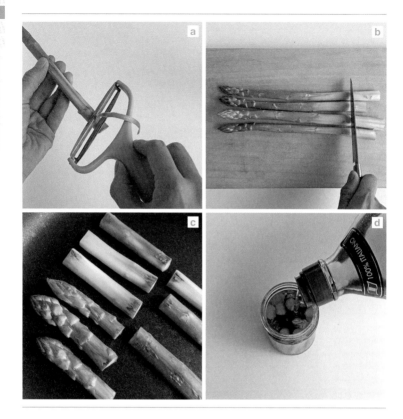

作り方

1 アスパラガスはピーラーで硬い部分
　の皮をむき（a）、ガクを取り除く。
　根元の硬い茎を切り落とし（b）、ビ
　ンの高さに合わせて切る。

2 1をフライパンに並べて弱めの中火
　にかけ、表面に薄く水分が出てくる
　まで両面を焼き（c）、塩を軽くふる。

3 2が冷めたら、ビンにすき間なく詰
　め、アスパラガスがかぶるまでオリ
　ーブオイルを注ぎ（d）、蓋を閉める。
　＊ビン以外で保存する場合は、早め
　に食べ切る。

食べ方

塩をふってレモン皮をかける

器にアスパラのオイル漬けを盛り、
刻んだレモンの皮と塩をかけるだ
けで気のきいた前菜に。

アスパラガスを使った保存食②

作りたい季節	保存期間		食べ方
春〜夏 5〜7月 1 2 3 4 5 6 7 8 9 10 11 12	冷蔵 **2**カ月	冷凍 —	そのまま、ワインのつまみ、刻んでドレッシングに

アルミホイル	ほうろう	保存ビン	フリーザーバッグ・ポリ袋	コンテナ

アスパラのピクルス

アスパラのポリッとした食感が楽しめる

材料（全量140㎖）

アスパラガス…太めのもの3本
A［米酢・水各50㎖、砂糖大さじ1、塩小さじ1/2、ローリエ小2枚、赤唐辛子1本、粒こしょう5〜6粒］

MEMO

お好みの野菜で作っても

カリフラワー、ブロッコリー、パプリカなどお好みの野菜で作れます。アスパラを刻み、マリネ液、オリーブオイルと合わせれば即席のドレッシングにも。

作り方

1 アスパラガスはピーラーで硬い部分の皮をむき、ガクを取り除く。根元の硬い茎を切り落とし、ビンの高さに合わせて切ったら、ビンにすき間なく詰める。

2 鍋にAを入れて弱めの中火にかけ、1分ほど煮出し（a）、熱いうちに1のビンに注ぎ入れ、冷めたら蓋を閉める。
＊ビン以外に保存する場合は、早めに食べ切る。

作りたい季節	保存期間		食べ方
冬〜春 2〜4月 1 2 3 4 5 6 7 8 9 10 11 12	冷蔵 **1**ヵ月	冷凍 —	そのまま、和え物、サラダ、焼き魚の添え物に

アルミホイル	ほうろう	保存ビン	フリーザーバッグ・ポリ袋	コンテナ

うどの和風ピクルス

ピリッとした刺激の粉山椒を入れて和風に

材料（全量250㎖／皮130㎖）

うど ……………………………… 1本
A［米酢100㎖、上白糖大さじ1、昆布3×3㎝3〜4枚、塩小さじ1/2］
B［薄口しょうゆ小さじ1、粉山椒2〜3つまみ］

MEMO

皮も捨てずに漬けて食べられる

昆布ベースの甘酢に漬けると、うどの程よい香りと歯ざわりを楽しめます。皮も漬けておけば、ちょっとした和え物やサラダのアクセントにも。余ったピクルス液はドレッシング、酢の物、酢飯などに活用できます。

作り方

1 うどは4～5cm長さに切って厚めに
　皮をむき、食べやすい太さに切る。
　皮は細切りにして、それぞれ酢水に
　通してから（a）ザルにあげて水けを
　きり、ビンに詰める。

2 鍋にAを入れて中火にかけ、30秒～
　1分ほど煮立たせる。火を止め、B
　を加えて混ぜる。

3 熱いうちに1に2を注ぎ入れ、粗熱
　がとれたら昆布を加えて蓋を閉める
　（b）。
　＊うどから水分が出るのでマリネ液
　はビンの8割ほど注げばOK。

4 ときどき揺らし、2～3時間おいて
　から冷蔵庫に入れる。
　＊ビン以外で保存する場合は、早め
　に食べ切る。

食べ方

わかめとミニトマト
を合わせて小鉢風に

うど3本は縦半分に切り、生わか
め30g、ミニトマト3個は食べや
すい大きさに切って和える。ピク
ルス液大さじ1をかけ、白炒りご
ま適量をふる。

作りたい季節	保存期間		食べ方
春 3〜5月 秋〜冬 11〜12月 1 2 3 4 5 6 7 8 9 10 11 12	冷蔵 **1**週間	冷凍 —	そのまま、冷奴、お茶漬けに
アルミホイル	ほうろう	保存ビン	フリーザーバッグ・ポリ袋　コンテナ

かぶの漬け物

2〜3日ほどおいてからが食べごろ

材料（全量300㎖）

かぶ（直径5〜6cm）　　　　　　　　　3個
かぶの葉　　　　　　　刻んで1カップ分
しょうが（薄切り）　　　　　　　　　　2枚
刻み昆布　　　　　　　　　　　　　　2g
赤唐辛子（小口切り）　　　　　　　　少々
A ［水120㎖、砂糖・塩各小さじ1］

MEMO

2〜3日おくとおいしい

仕込んでから2〜3日すると酸味が出てくるので、そのときが食べごろです。かぶの皮が少し硬いときは、厚めに皮をむいてください。やわらかいときは皮ごと使ってOK。葉は内側のやわらかい部分を使います。

作り方

1 かぶは5mm角に切り、葉は細かく刻む。しょうがはみじん切りにする（a）。

2 ポリ袋にAを入れて砂糖と塩を溶かし、1、刻み昆布、赤唐辛子を加えて、袋の口を閉じてよく揉んで混ぜる（b）。

3 袋の空気を抜いて口をしばり、冷蔵庫に1時間ほどおいたら、保存容器に移す。

食べ方

ごはんにのせて

器にごはんを盛り、たっぷりとかける。お好みでわさび少々を混ぜても。

作りたい季節	保存期間		食べ方
秋～冬 10～1月 1 2 3 4 5 6 7 8 9 10 11 12	冷蔵 **1**年	冷凍 ―	肉料理に添えて、ホットドックに挟んで、煮込みに

アルミホイル	ほうろう	保存ビン	フリーザーバッグ・ポリ袋	コンテナ

ザワークラウト

ドイツ風のキャベツの漬け物を自家製で

材料（全量500㎖）

キャベツ	1/2個（600ｇ）
塩水	塩20ｇ＋水200㎖
キャラウェイシード	小さじ１
ローリエ	２～３枚

MEMO

ビンは消毒してから使って

葉のギュッと締まった冬のキャベツはザワークラウトに。酸味が肉料理に程よく合います。おいしく発酵させるためにも、雑菌が入らないようにビンは煮沸消毒、またはアルコール消毒してください。そのまま食べる場合は、半日ほど蓋を開けて酸味を飛ばします。

作り方

1 キャベツはせん切りにしてポリ袋に
　入れ、塩水を加え、袋の口を閉じて
　ふり、全体になじませる（a）。袋の
　空気を抜いて口をしばり、常温に2
　時間以上おく。

2 1をザルにあげ、水けを絞らずにボ
　ウルに移し、キャラウェイ、ローリ
　エを加えて混ぜる（b）。

3 2をビンに詰め、スプーンなどで押
　して平らにならし、ラップをかけて
　重しをのせ（c）、発酵するまで1
　週間ほど常温におく。

4 発酵したら（ビンの側面に気泡が出
　る）（d）、重しとラップを取り除き、
　蓋をして冷蔵庫に入れる。

作りたい季節	保存期間		食べ方
通年	冷蔵	冷凍	コールスロー、スープの具、炒め物、浅漬けに
1 2 3 4 5 6 7 8 9 10 11 12	**3～4**日	—	
アルミホイル	ほうろう	保存ビン	フリーザーバッグ・ポリ袋	コンテナ

塩揉みキャベツ

大きなキャベツを買っても、場所をとらずに保存可

材料（作りやすい分量）

キャベツ ……… 1/4個（300g）
塩水 ……………… 塩5g＋水100mℓ

作り方

1 キャベツはせん切りにしてポリ袋に入れ、塩水を加え、袋の口を閉じてふり、全体になじませる。袋の空気を抜いて口をしばり、常温に2時間以上おく。

2 1のキャベツがしんなりしたら、水けを絞ってから使う。

MEMO

春キャベツは生がおすすめ
葉が甘く、やわらかい春キャベツで作った塩揉みキャベツは、コールスローや浅漬けなど、生のおいしさを楽しめるものに。

食べ方

キャベツたっぷりの餃子に

秋〜冬のキャベツは、春〜夏に比べて葉が少し硬いので火を通す料理がベター。焼き餃子にすればキャベツの甘さが楽しめます。タレはせん切りにしたしょうがと米酢を合わせたものを。

材料と作り方（15〜20個分）

1 ボウルに豚ひき肉50ｇ、おろししょうが・しょうゆ・酒・ごま油各大さじ1/2、片栗粉大さじ１を入れ、粘りが出るまで混ぜる。塩揉みキャベツ2/3量は水けを絞ってみじん切りにし、ボウルに加えて混ぜ、餃子の皮大判15〜20枚で包む。植物油大さじ1/2をひいたフライパンで焼く。

作りたい季節	保存期間		食べ方
夏 6~8月	冷蔵	冷凍	そのまま、刻んで和え物、お茶漬け、混ぜごはんに
1 2 3 4 5 6 7 8 9 10 11 12	**3**ヵ月	―	
アルミホイル	ほうろう	保存ビン	フリーザーバッグ・ポリ袋 / コンテナ

簡単しば漬け風

ポリポリの食感と酸味がたまらない！

材料（作りやすい分量）

きゅうり ……………………………… 2本
なす ………………………………… 大1本
みょうが ………………………… 小15個
しょうが ………………………… 1かけ
　（すべてを合わせて400ｇほど）
A［梅酢（塩分16％を使用）100mℓ、水大さじ2］

MEMO

漬ける時間はお好みで

漬けて半日から食べられますが、日にちがたつと発酵して梅酢とは別の酸味が出てくるので、さらに漬け物としておいしくなります。甘みが欲しい場合は、3 の漬け汁をきってから、みりん大さじ1 を合わせます。

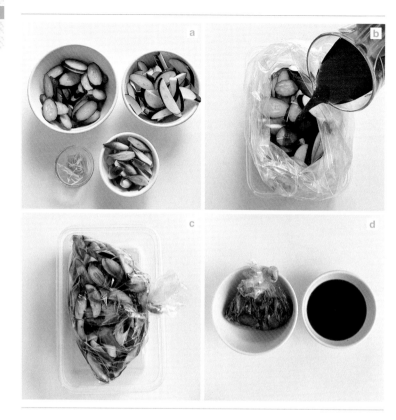

作り方

1 きゅうりは7〜8mm厚さの斜め切りにする。なすは縦半分にし、7〜8mm厚さの斜め切りにする。みょうがは縦半分に切り、しょうがはせん切りにする（a）。

2 ポリ袋に1を入れ、合わせたAを注ぐ（b）。袋の空気を抜いて口をしばり、野菜から水分が出てくるまで常温に半日ほどおく（c）。

3 2をザルにあげて漬け汁をきったら、ポリ袋に戻し入れ、袋の空気を抜いて口をしばり（d）、酸味が出るまで冷蔵庫に3〜4日おく。漬け汁は使わない。

作りたい季節	保存期間		食べ方
夏 6〜8月 1 2 3 4 5 6 7 8 9 10 11 12	冷蔵 **1** 週間	冷凍 —	そのまま、ビールのつまみ、 和え物、ごはんのお供に

アルミホイル	ほうろう	保存ビン	フリーザーバッグ・ポリ袋	コンテナ

きゅうりのしょうゆ麹漬け

麹のほんのりした甘みがやさしい

材料（作りやすい分量）

きゅうり ……………………… 2本
しょうゆ麹 ……………… 大さじ2
からし ……………………… 適宜

作り方

1 きゅうりは縦4等分に切ってから、長さを4〜5等分に切る。

2 ポリ袋に**1**、しょうゆ麹を入れて麹が行き渡るように軽く揉んで混ぜたら（**a**）、袋の空気を抜いて口をしばり、冷蔵庫に2時間以上おく。好みでからしを加え、混ぜる。

きゅうりを使った保存食③

作りたい季節	保存期間		食べ方
夏 6〜8月 1 2 3 4 5 6 7 8 9 10 11 12	冷蔵 1週間	冷凍 —	そのまま、そうめんに汁ごと かけて、ごま油で炒めて
アルミホイル	ほうろう	保存ビン	フリーザーバッグ・ ポリ袋　　コンテナ

きゅうりの
ポン酢しょうゆ漬け

きゅうりのみずみずしさをいかしたさっぱり漬け

材料（作りやすい分量）

きゅうり	3本
青じそ	10枚
みょうが	1本
ポン酢しょうゆ（市販）	100㎖

作り方

1 きゅうりは皮を縞にむき、3㎝長さに切る。青じそは手でちぎり、みょうがはせん切りにする（a）。

2 ポリ袋に1、ポン酢しょうゆを入れて、よく揉んで混ぜたら、袋の空気を抜いて口をしばり、冷蔵庫に2〜3時間おく。

作りたい季節	保存期間		食べ方
春～夏 5~6月 1 2 3 4 5 6 7 8 9 10 11 12	冷蔵 **2**カ月	冷凍 —	そのまま、サラダ、ビールの つまみ、和え物に

アルミホイル	ほうろう	保存ビン	フリーザーバッグ・ ポリ袋	コンテナ

セロリのしょうゆ漬け

紹興酒のアクセントを加えて中華風に

材料（作りやすい分量）

セロリ ……………………… 2本
A［しょうゆ・紹興酒・みりん
各大さじ2］

作り方

1 セロリは筋を取り除き、5cm長さに切ってから1cm太さに切りそろえる。葉はざく切りにする（a）。
2 ポリ袋に1、Aを入れて合わせ（b）、袋の空気を抜いて口をしばり、冷蔵庫に1時間ほどおく。

MEMO

紹興酒はお好みで

セロリと紹興酒の香りよい漬け物です。紹興酒が苦手な場合は、煮切りした日本酒でも。

食べ方

もやしと一緒に和え物で

ゆでたもやしと合わせて粉山椒を
ふります。セロリにしっかり味が
ついているので味つけの必要はあ
りません。

作りたい季節	保存期間		食べ方
冬 12〜2月	冷蔵	冷凍	そのまま、サラダの代わりに
1 2 3 4 5 6 7 8 9 10 11 12	1ヵ月	—	

アルミホイル	ほうろう	保存ビン	フリーザーバッグ・ポリ袋	コンテナ

大根の柚子風味漬け

箸休めにうれしい、ポリポリ食感の漬け物

材料（全量800㎖）

大根 1/2本
（皮をむいて800ｇ）
塩水 塩12ｇ＋水200㎖
柚子の皮 適量
昆布 3×5㎝1枚
赤唐辛子（小口切り） 少々

MEMO

発酵の合図は気泡（ガス）

細かい気泡が大根についてくると上手に発酵してきた合図。雑菌が入らないようにビンは消毒を。

作り方

1 大根は厚めに皮をむき、3〜4㎝角に切り、ポリ袋に入れる。塩水を加え、袋の空気を抜いて口をしばり、冷蔵庫に一晩おく。

2 柚子の皮は白いワタの部分を包丁で削ぎ、せん切りにする。昆布は細切りにする。

3 ビンに1の大根と2、赤唐辛子を交互に詰め、1の漬け汁を大根がかぶるまで注ぎ、軽く蓋をしたら（発酵が進むと炭酸ガスが発生するため）、バットなどを敷いて冷蔵庫に1〜2週間おく。酸味が出てくる2週間目が食べごろ。

大根を使った保存食②

	作りたい季節		保存期間		食べ方
	冬 12~2月		冷蔵	冷凍	5mm~1cm幅に切って
	1 2 3 4 5 6 7 8 9 10 11 12		1カ月	—	
アルミホイル	ほうろう	保存ビン	フリーザーバッグ・ポリ袋		コンテナ

大根の塩麹漬け

干してから漬けて、じっくりと完成を待って

材料（作りやすい分量）

大根 ………… 直径8cm×5cm長さ
塩麹 ………………………… 大さじ3
赤唐辛子（種は取り除かなくて
OK）………………………………… 1本

作り方

1 大根は皮を厚めにむき、縦半分に切ってから
  1～2日干す（天日干し、陰干しどちらでも
  よい）。

2 ポリ袋に1、塩麹、赤唐辛子を入れ、全体に
  塩麹をなじませたら、袋の空気を抜いて口を
  しばる。冷蔵庫に1～2週間おき、甘みが出
  てくる2週間目が食べごろ。

作りたい季節	保存期間		食べ方
春 4月 1 2 3 4 5 6 7 8 9 10 11 12	冷蔵 **1**カ月	冷凍 —	炊き込みごはん、煮物、薄めてかけうどんに
アルミホイル	ほうろう	保存ビン	フリーザーバッグ・ポリ袋 　コンテナ

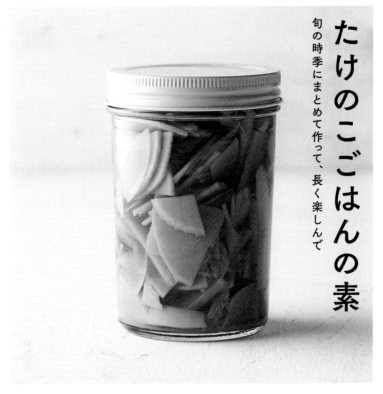

たけのこごはんの素

旬の時季にまとめて作って、長く楽しんで

材料（全量500ml＊
　280mlビン2本分）

ゆでたけのこ（P.42）⋯⋯⋯⋯ 350g
A［かつおだし500ml、薄口しょうゆ
大さじ3、みりん大さじ3］

MEMO

新鮮なたけのこを使って

たけのこの出始めは九州、その後桜前線のように日を追うごとに北上し、東北まで順に出てくるので、いろいろな産地のたけのこを楽しんでみては。切り口が乾いていないものほど新鮮でえぐみが少ないので、購入するときは必ずチェックしましょう。

作り方

1 たけのこは横半分に切り（a）、やわ
  らかい穂先側は縦半分に切ってから
  薄切りに、そのほかは薄くいちょう
  切りにする（b）。

2 鍋にAと1を合わせて弱めの中火に
  かけ、沸騰したらアクをとり、5分
  ほど煮る（c）。

3 2が熱いうちにビンのフチまで詰め、
  しっかりと蓋を閉めて逆さまにし、
  冷めるまでおく（d）。

たけのこのゆで方

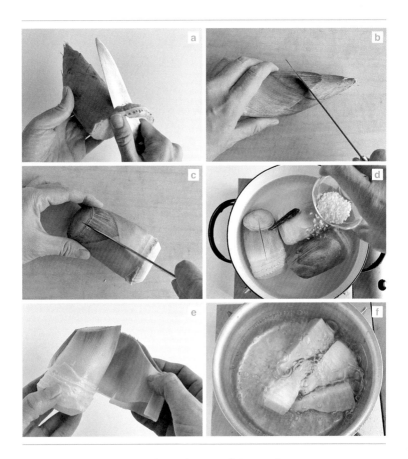

1 たけのこ3本は、下の硬い部分を包丁で切り落とし（a）、皮をむく。

2 穂先の硬い部分を斜めに切り（b）、切り口から縦に包丁を入れる（c）。

3 鍋に2、赤唐辛子1本、米大さじ1〜2を入れて中火にかけ（d）、40分ほどゆで、ゆで汁につけたまま冷ます（大きいものはさらに20〜30分ゆでる。浮いてくる場合は落とし蓋をのせて）。

4 冷めたら皮をむいて（e）水につけ、冷蔵庫で保存する。

＊このまま2〜3日もちますが、すぐに食べないときはもう一度ゆで（f）、ゆで汁ごと熱いうちにビンに詰め、しっかりと蓋を閉めて逆さまにして、冷めるまでおけば冷蔵庫で1カ月保存OK。

食べ方

たけのこごはんに

たけのこごはんの素280mlビン1
本分はザルにあけ、たけのこと煮
汁に分ける。白米2合をとぎ、米
と煮汁を炊飯釜に入れてから水を
2合の目盛りまで注ぐ。たけのこ
を加えて炊き、よく混ぜる。器に
盛り、刻んだ三つ葉や木の芽適量
を散らす。

作りたい季節	保存期間		食べ方
冬～春 2~5月 1 2 3 4 5 6 7 8 9 10 11 12	冷蔵 **3**ヵ月	冷凍 —	野菜にかける、和え物、肉料理、ドレッシングに
アルミホイル	ほうろう	保存ビン	フリーザーバッグ・ポリ袋 コンテナ

新玉ねぎのマリネ

新玉ねぎの甘みを堪能して

材料（全量500㎖）

新玉ねぎ ……………………… 2個
A［米酢50㎖、塩小さじ1/3、ローリエ 2 枚、粒こしょう10粒］

MEMO

下味にも使えるマリネ

生で食べても辛味が少ない新玉ねぎはミキサーにかけてマリネに。そのまま野菜にかけて、オリーブオイルを混ぜてドレッシング風にと、たっぷりかけて楽しめます。肉にまぶして一晩おいてから焼けば、やわらかく仕上がるのでスペアリブやバーベキューの下味用にも。

44

作り方

1 新玉ねぎは適当な大きさに切り、ミキサーに入れる。

2 鍋に**A**を合わせて中火にかけて1〜2分煮立て(**a**)、茶こしを使ってスパイスと酢を分ける(**b**)。

3 **1**に**2**の酢を加えて(**c**)、なめらかになるまで撹拌し、**2**のスパイスと一緒にビンに入れ(**d**)、蓋を閉める。
＊ビン以外で保存する場合は、早めに食べ切る。

食べ方

ポークソテーのソースに

豚ロースしょうが焼き用肉6枚に塩・こしょう各少々をふって小麦粉適量を軽くまぶし、オリーブオイル大さじ1を熱したフライパンで両面に焼き色がつくまで焼いて取り出す。同じフライパンに新玉ねぎのマリネ大さじ6、しょうゆ大さじ1を入れて軽く煮立てたら肉にかけ、お好みの野菜を添える。

作りたい季節	保存期間		食べ方
夏 ～ 冬　7~2月	冷蔵	冷凍	煮込み料理、スープ、ソースに
1 2 3 4 5 6 7 8 9 10 11 12	1カ月	1年	
アルミホイル	ほうろう	保存ビン	フリーザーバッグ・ポリ袋　コンテナ

炒め玉ねぎ

時間があるときにじっくり炒めておくとラク

材料（全量180㎖）

玉ねぎ …………………………… 1個
植物油 ………………… 大さじ3

作り方

1 玉ねぎは縦半分にしてから長さを半分に切り、薄切りにする（a）。

2 フライパンに植物油と1を入れて合わせ、広げる。中火にかけ、2～3分触らずにおいてから全体を混ぜたら、フライパンに広げ、これを玉ねぎが茶色く色づき、水分が抜けるまで繰り返す。

3 2が熱いうちにビンに詰めて蓋を閉め、冷めるまで逆さまにしておく。

食べ方

骨つきチキンカレー

飴色に炒めた玉ねぎの甘みは、スパイシーなカレーによく合います。散らしたせん切りしょうがとパクチーはお好みで。右のレシピのカレー粉としょうがを入れずに、仕上げに生クリームを加えればストロガノフ風にもなります。

材料と作り方（2人分）

1　鍋に油をひかずに炒め玉ねぎ1/2量、おろしにんにく・おろししょうが各小さじ1、カレー粉・トマトペースト各大さじ1を入れて中火で炒める。ペースト状になったら、塩小さじ1をすり込んだ鶏もも骨つきぶつ切り肉400ｇ、ひたひたの水（400㎖ほど）を加え、蓋をして弱火で20分ほど、肉がやわらかくなるまで煮込む。塩・ガラムマサラ各適量で味をととのえる。

作りたい季節	保存期間		食べ方
春〜秋 5〜9月 1 2 3 4 5 6 7 8 9 10 11 12	冷蔵 6カ月	冷凍 1年	煮込み、パスタ、スープ、自家製トマトケチャップなど
アルミホイル	ほうろう	保存ビン	フリーザーバッグ・ポリ袋 コンテナ

完熟トマトの水煮

傷みやすいトマトは、保存食でおいしく長もち

材料（全量750ml＊
　280mlビン3本分）

完熟トマト ‥‥‥‥‥‥ 1kg（5〜6個）

MEMO

自家製ならではの味わいに

夏の盛りに店先に並ぶ真っ赤なトマトは、やわらかく甘みもあり、市販の水煮缶とは違う、さっぱりとした味わいに仕上がります。好みでさらに煮詰めても。種のまわりのゼリー状の部分に旨味が詰まっているので、取り除かずに一緒に煮込んで。

作り方

1 トマトは包丁でヘタを切り落とし、横半分に切ったら、切り口を上にして鍋に並べ（a）、蓋をして弱火にかけ、20分ほど蒸し煮にする。

2 水分が出てきたらグツグツする程度に火力を強め、さらに10分ほど煮る。途中、皮がはがれてきたら箸で取り除き（b）、アクが出てきたら、すくい取る（c）。

3 2が熱いうちに一度に食べ切れる量ずつビンのフチまで（冷凍保存するときは、ビンの8分目まで）詰め、蓋を閉めて、冷めるまで逆さまにしておく（d）。

冷たいトマトのスープを
ミキサーひとつで

セロリや玉ねぎ、パプリカなどの
野菜をプラスすれば、おもてなし
にも。

材料と作り方(2人分)

1 完熟トマトの水煮1/2量とオリーブオイル大
  さじ3、塩2〜3つまみをミキサーに入れ、
  なめらかになるまで撹拌し、器に注ぐ。

2 きゅうり1/2本を5mm角に切り、塩適量で揉
  んだら、オリーブオイル大さじ1を和え、1
  に盛り、混ぜながらいただく。

食べ方②

自家製トマトケチャップも手軽に

完熟トマトの水煮を調味料と合わせて煮詰めれば、自家製ケチャップも作れます。ケチャップとしてそのままつけて食べてもおいしいですが、トマト料理に少量加えるとコクが出ます。

材料と作り方（全量150ml）

1 鍋に完熟トマトの水煮全量、ウスターソース大さじ１、米酢大さじ２、砂糖小さじ１、塩２つまみを入れて中火にかけ、鍋底が焦げつかないようにゴムベラで混ぜながら加熱する。煮詰まってきたら弱火にし、1/5量くらいになるまで（市販のケチャップのように濃度が濃くなるまで）煮る。

2 1が熱いうちにビンに入れて蓋をし、冷めるまで逆さまにしておく。

作りたい季節	保存期間		食べ方
春 ~ 秋 4~9月 1 2 3 4 5 6 7 8 9 10 11 12	冷蔵 1 カ月	冷凍 1 年	そのまま、パスタ、カナッペ、煮込みなど何にでも
アルミホイル	ほうろう	保存ビン	フリーザーバッグ・ポリ袋	コンテナ

セミドライミニトマト

干して甘みを凝縮させてからオイルに漬けて

材料(全量280㎖ *
　150㎖ビン2本分)

ミニトマト …… 2~3パック(600g)
オリーブオイル … 適量(100~150㎖)

MEMO

時季に合った作り方を

夏の印象が強いミニトマトですが、旬は春とも言われています。カラッとした晴天の時季は屋外で干し、梅雨の湿度と気温が低い時季はカビが生えやすいのでオーブンで作ります。乾燥させる時間は、個体差があるので様子を見ながら調整してください。

作り方

1 ミニトマトは半分に切ってザルに切り口を上にして広げ、干し網に入れて風通しのよい場所で天日干しにする（a）。夏場の晴天で1日を目安にし、夜は冷蔵庫に移動させる。オーブンの場合はオーブンペーパーを敷いた天板に広げ、150℃に予熱したオーブンに入れ、1時間ほど加熱する（b）。写真ぐらいができあがりの目安（c）。大きさにより加減する。

2 1をビンに詰め、トマトがかぶるくらいまでオリーブオイルを注ぎ（d）、蓋を閉める。オイルに浸かっていない部分はカビが生えすいので、オイルから出ないように気をつける。

お好みのチーズと一緒に
簡単カナッペ

スライスしたバゲットに、クリームチーズやブルーチーズなどのお好みのチーズを塗り、セミドライトマトをのせ、粗挽き黒こしょうをかける。

MEMO

食材の組み合わせで楽しむ

ゆでだこ＆セロリ、ツナ＆ブラックオリーブ、ゆでたえび＆ブロッコリー、こんがり焼いたベーコン＆バジル、カマンベールチーズ＆煮詰めたバルサミコ酢など組み合わせは無限です。

食べ方②

セミドライトマトで
パスタソースも簡単に

セミドライトマトを使って、混ぜるだけで火を使わない、簡単パスタソースが作れます。パスタソースとしてだけでなく、豚バラ薄切り肉を煮込めば、短時間でコクのある煮込みが完成します。

材料と作り方（1人分）

1 ボウルにセミドライミニトマト10〜12個（好みで漬けていたオイルを少量加えても）、刻んだ生ハム10ｇ、バジル適量、おろしにんにく少々、塩・こしょう各適量を入れてよく混ぜ合わせる。

2 パスタ1.4㎜80ｇは袋の表示時間よりも30秒〜1分長くゆで、流水で冷やしてからザルにあげて水けをきり、1と和える。

作りたい季節	保存期間		食べ方
冬～春 12～5月	冷蔵	冷凍	そのまま、ハムや野菜とサラ
1 2 3 4 5 6 7 8 9 10 11 12	**1**週間	—	ダに、サンドイッチに
アルミホイル	ほうろう	保存ビン	フリーザーバッグ・ポリ袋　コンテナ

にんじんサラダ

つけ合わせやお弁当に、彩りをプラスして

材料（全量400㎖）

にんじん	2本（350ｇ）
塩	小さじ1
オリーブオイル	大さじ5
レモン汁	小さじ1

作り方

1 にんじんはスライサーでせん切りにし、塩をまぶし、10分ほどおいたら、出てきた水分を絞る（a）。

2 1にオリーブオイルを加えて和え、さらにレモン汁を加えて和えたら、ビンに詰めて蓋を閉め、冷蔵庫で保存する。

にんじんを使った保存食②

作りたい季節	保存期間		食べ方
	冷蔵	冷凍	
冬~春 12~5月	**1**カ月	—	サラダやゆで野菜・肉料理にかけて、マリネ液に
1 2 3 4 5 6 7 8 9 10 11 12			

アルミホイル	ほうろう	保存ビン	フリーザーバッグ・ポリ袋	コンテナ

にんじんドレッシング

材料を入れてミキサーにかけるだけ

材料（全量300ml）

にんじん ……………… 1本（170g）
アマニオイル ……………… 100ml
米酢 ……………………… 大さじ2
塩 ………………………… 小さじ1

作り方

1 にんじんは適当な大きさに切り、アマニオイル、米酢、塩と一緒にミキサーに入れ（a）、なめらかになるまで撹拌する。

2 1をビンに詰めて蓋を閉め、冷蔵庫で保存する。

作りたい季節	保存期間		食べ方
春 3〜4月 1 2 3 4 5 6 7 8 9 10 11 12	冷蔵 **3**カ月	冷凍 —	餃子のタレ、焼きそばの味つけ、肉料理、魚料理に
アルミホイル	ほうろう	保存ビン	フリーザーバッグ・ポリ袋　コンテナ

にらじょうゆ

にらの香りで食欲アップ＆疲労回復にも

材料（全量140㎖）

にら ……… 1/2束（1カップ分）
白炒りごま ……………… 大さじ1
A［しょうゆ・酒各50㎖］

作り方

1 にらはみじん切りにする。

2 ビンに1、A、白炒りごまを入れ（a）、冷蔵庫に1〜2日おく。

＊ビン以外で保存する場合は、早めに食べ切る。

MEMO

酒は煮切りしてもOK

アルコールが苦手な場合は、酒を煮切りしてから使ってください。冷奴や餃子のタレ、炒め物の調味料にも使えます。

58

食べ方

温めた中華麺と和えても

斜め薄切りにして水にさらした長
ねぎと、ほぐしたゆで鶏を、温め
た蒸し中華麺と和える。にらじょ
うゆとごま油をかける。

作りたい季節	保存期間		食べ方
冬 12~2月 1 2 3 4 5 6 7 8 9 10 11 12	冷蔵 **1**カ月	冷凍 —	そのまま、スープ、炒め物、サラダ代わりに
アルミホイル	ほうろう	保存ビン	フリーザーバッグ・ポリ袋　コンテナ

白菜の柚子風味漬け

昆布も入って味わい深い漬け物に

材料（全量800㎖）

白菜 ……………… 1/4株（800ｇ）
塩水 ……………… 塩24ｇ＋水600㎖
A［昆布2～3㎝角６枚、柚子の皮（細切り）1/3個分］

MEMO

蓋はゆるく閉めて発酵させて

寒さが増すと白菜の葉も芯もやわらかくなり、漬け物もおいしくなります。白菜漬けは、汁があふれてくるくらい発酵するので、蓋はゆるく閉め、下にはバットを敷いておきましょう。雑菌が入らないようにビンは消毒しておきます。

作り方

1 白菜は外側の葉1枚を残し、芯は3
　〜4cm角に、葉はざく切りにする（a）。

2 大きめのポリ袋に1、塩水を入れ、
　空気を抜いて口をしばり、深さのあ
　る器に入れ、500g〜1kgの重しを
　のせて常温に一晩おく（b）。

3 2をザルにあげ、ビンに2とAを交
　互に詰め（c）、白菜の外側の葉を一
　番上にかぶせる。スプーンなどで押
　して漬け汁から出ないように平らに
　ならす（d）。

4 3にゆるく蓋を閉め、バットなどを
　敷いて冷蔵庫に1週間以上おく。2
　週間目が食べごろ。

作りたい季節	保存期間		食べ方
冬 12~2月 1 2 3 4 5 6 7 8 9 10 11 12	冷蔵 **1**カ月	冷凍 —	そのまま、炒め物、鍋物、汁物、和え物に
アルミホイル	ほうろう	保存ビン	フリーザーバッグ・ポリ袋 　コンテナ

簡単キムチ

お好みの唐辛子選びや、辛さの加減を見つけて

材料（作りやすい分量）

白菜 …………………… 1/4株（800 g）

塩水 ………………… 塩24 g ＋水400㎖

A［にら3株、大根直径3㎝×長さ3㎝（150 g）、にんじん（細めの部分）4㎝、長ねぎ1/2本、梨（またはりんご）1/4個］

B［粉唐辛子40 g、おろしにんにく・ナンプラー各小さじ2、おろししょうが小さじ1、アミの塩辛20 g］

MEMO

辛味はお好みで調節して

粉唐辛子は甘みのある韓国産を、粗挽きと細挽きを1対1の割合で使っています。粉が細かくなるほど辛味を感じやすくなるので、お好みで調節してください。漬けるときは、使い捨ての手袋をつけるのを忘れずに。

作り方

1 白菜は外側の葉1枚を残し、芯は4
〜5cm角に、葉はざく切りにする（a）。
大きめのポリ袋に1、塩水を入れ、

2 空気を抜いて口をしばり、深さのあ
る器に入れ、500g〜1kgの重しを
のせて常温に一晩おく。

3 Aのにらは5cm長さに切り、にら以
外は3〜4cm長さの細切りにして（b）
ボウルに入れ、Bを加えてしっかり
と混ぜ合わせたら、全体がしんなり
するまでおく。

4 深さのある器にポリ袋を入れ、2、
3の水けをしっかりと絞って交互に
重ねて入れる（c）。最後に白菜の外
側の葉で覆うようにかぶせ、袋の空
気を抜いて口をしばり、深さのある
器に入れ、冷蔵庫に2週間ほどおく
（d）。

作りたい季節		保存期間		食べ方
秋 9〜10月 青柚子が出まわる時季に 1 2 3 4 5 6 7 8 9 10 11 12		冷蔵 6カ月	冷凍 1年	薬味に、パスタ、和え物、炒め物、エスニック料理に
アルミホイル	ほうろう	保存ビン	フリーザーバッグ・ポリ袋	コンテナ

柚子こしょう

みんな一度は作ってみたい保存食

材料（全量140㎖）

青唐辛子 …………………… 20本（60g）
青柚子 …… 直径5cmくらいのもの4個
塩 ……………………………………… 20g
＊青唐辛子により大きさや、産地によって辛さが異なるので、量は加減して。

MEMO

旬の時季は店頭を確認して

国産の青唐辛子は収穫時期が青柚子よりも少し早いので、見つけたときに購入し、湿らせたペーパータオルで包んでから、ポリ袋やコンテナに入れ、野菜庫で保存します。青柚子は黄柚子よりも旬が短いため、見逃さないよう店頭をこまめにチェックして。

作り方

1 青柚子はたわしでよく洗い、ペーパータオルで水けを拭いてから白いワタと一緒に皮をむく（むいた皮は80gほど。果肉は使わない）。青唐辛子は半分に切り、種とヘタを取り除く（種とヘタを取り除いて60gほど）。

2 1の柚子の皮と青唐辛子をざく切りにして（a）フードプロセッサーに入れ、粗みじんになるまで撹拌する（b）。

3 2をすり鉢に移し、水分が出てしっとりとするまですりつぶし、塩を加えて混ぜ合わせる（c）。

4 3をビンに詰めて蓋を閉め、常温に1週間以上おく。

＊ビン以外で保存する場合は、早めに食べ切る。

MEMO

果肉は搾って使う

搾った果汁はP.114の白ポン酢に使えるほか、はちみつと合わせて炭酸水やお湯で割れば青柚子ドリンクに。

`食べ方①`

揚げれんこんに合う甘辛ダレに

柚子こしょうは、香りが強めの野菜や揚げ物によく合います。れんこんは切り方と揚げ方を変えて2つの食感に。他にもごぼう、里いも、春菊、せりなどの組み合わせにしても。

材料と作り方（作りやすい分量・2人分）

1 れんこん1節は半量を3mm厚さのいちょう切り、残りを1cm厚さのいちょう切りの2種類に切る。薄いほうはカリッと濃いきつね色になるまで、厚いほうはきつね色になるまで揚げ油適量で揚げる。

2 柚子こしょう・みりん各大さじ1/2を混ぜ合わせ、食べる直前に 1 と和える。

3 器にざく切りにした水菜適量を敷き、2 を盛る。

食べ方②

生春巻きのタレとして

タイ料理に柑橘と唐辛子はつきもの。青柚子の爽やかな香りと、青唐辛子のスッキリとした辛味は、相性抜群です。生春巻きの皮が手に入らないときは、ゆでた春雨に変えてタレと具材を混ぜれば、タイ風のサラダに。

材料と作り方（作りやすい分量）

1 柚子こしょう・ナンプラー各小さじ1、砂糖小さじ2、酢小さじ3を混ぜ合わせ、タレを作る。

2 生春巻きの皮適量は全体をさっと水でぬらして器にのせ、リーフレタス・パクチー・一口大に切ったゆでえび各適量をのせる。皮がやわらかくなったら巻き、タレを添えていただく。

作りたい季節	保存期間		食べ方
夏～秋 7~9月 1 2 3 4 5 6 7 8 9 10 11 12	冷蔵 **2**カ月	冷凍 —	ごはんのお供、炒め物、煮物の仕上げに
アルミホイル	ほうろう	保存ビン	フリーザーバッグ・ポリ袋　コンテナ

青唐辛子みそ

野菜のディップやごはんとも相性◎

材料（全量130mℓ）

青唐辛子 ……… 3～4本（10g）
長ねぎ …………………… 8cm
しょうが（薄切り）…… 6～7枚
青じそ …………………… 5枚
A［みそ・酒各1/4カップ、きび砂糖大さじ2］
ごま油 …………………… 大さじ1
＊青唐辛子により大きさや、産地によって辛さが異なるので、量は加減して。

作り方

1 青唐辛子は輪切り、長ねぎ、しょうが、青じそはみじん切りにする（青唐辛子の切り方はP.69の a 参照）。

2 鍋にごま油と青唐辛子を入れて弱火にかけ、油が回るまで炒めたらAを加えて混ぜる。みそがふつふつと沸き、とろりとしてきたら残りの1を加えて混ぜ、火を止める。

3 2が熱いうちにビンに詰めて蓋を閉め、冷めるまで逆さまにしておく。

青唐辛子を使った保存食 ③

作りたい季節	保存期間		食べ方
夏〜秋 7〜9月 1 2 3 4 5 6 7 8 9 10 11 12	冷蔵 **1**年	冷凍 —	炒め物、煮物の仕上げ、冷奴、麺類に

アルミホイル	ほうろう	保存ビン	フリーザーバッグ・ポリ袋	コンテナ

青唐辛子のしょうゆ漬け

シンプルにしょうゆと酒で漬けるだけ

材料（全量140㎖）

青唐辛子 …………… 15本（45ｇ）
A［しょうゆ・酒各50㎖］
＊青唐辛子により大きさや、産地によって辛さが異なるので、量は加減して。

作り方

1 青唐辛子はヘタを切り落としてから種ごと輪切りにする。切るときは左手に手袋をつけて、右手では絶対に触らないようにする（a）。

2 1をビンに入れ、合わせたAをひたひたに注ぎ入れて蓋を閉める。
＊ビン以外で保存する場合は、早めに食べ切る。

作りたい季節	保存期間		食べ方
春〜夏 5〜6月 1 2 3 4 5 6 7 8 9 10 11 12	冷蔵 **1**年	冷凍 **1**年	ちりめん山椒、煮物、刻んで香りづけに
アルミホイル	ほうろう	保存ビン	フリーザーバッグ・ポリ袋　コンテナ

山椒の塩漬け

時季ものの山椒の実は、保存食作りがマスト

材料（全量80㎖）

山椒の実（a）‥‥‥‥‥‥ 50g
塩 ‥‥‥‥‥‥‥‥‥‥ 大さじ1

作り方

1 山椒の実は多めの湯でやわらかくなるまでゆでて水にさらす。

2 1を2〜3時間おき、好みの辛さになったら小枝を取り除く。

3 ペーパータオルで2の水けを拭き取り、塩と交互にビンに詰めて蓋を閉める。

＊ビン以外で保存する場合は、早めに食べ切る。

a

だしじょうゆに浸したなすに
山椒の風味でアクセントを

電子レンジで作れるなすのお浸しです。冷蔵庫で冷やしてからいただくと美味。塩漬けは細かく刻んでドレッシングに入れたり、塩・こしょうの代わりに素材にかけて使えます。

材料と作り方（2人分）

1 なす2本はピーラーで皮をむき、さっと水にさらしてから1本ずつラップに包み、電子レンジで1分～1分30秒加熱する。粗熱がとれたら縦半分に切ってから半分の長さに切り、だししょうゆ（かつおだし100㎖＋しょうゆ大さじ1/2）、刻んだ山椒の塩漬け小さじ1/2と合わせ、冷蔵庫で冷やす。

作りたい季節	保存期間		食べ方
春 4〜5月 1 2 3 4 5 6 7 8 9 10 11 12	冷蔵 **1** カ月	冷凍 **6** カ月	田楽、焼き魚、鶏肉のグリル、グラタン、和え物に
アルミホイル	ほうろう	保存ビン	フリーザーバッグ・ポリ袋　コンテナ

木の芽みそ

肉や魚にかけても。香りを楽しんで

材料（全量80mℓ）

木の芽 ………………………… 10g
白みそ ………………………… 50mℓ
酒（煮切りしたもの）…… 大さじ1〜2

MEMO

ワンシーズンで使える量を

春になると一斉に芽を出す鮮やかな緑色の木の芽。木の芽みそは日もちしますが、季節の移り変わりを楽しむためにもシーズン中に使い切りたいので、あまり欲張らずほどほどの量を仕込みます。すり鉢がない場合は、作る分量を増やしてフードプロセッサーで。

作り方

1 木の芽は硬い茎があれば取り除く
（ a ）。

2 すり鉢に 1 を入れてすり（ b ）、白み
そを加え、酒を少しずつ加えて硬さ
を調節しながらなめらかにする（ c ）。
＊ビン以外で保存する場合は、早め
に使い切る。

**新じゃがとたけのこの
グラタンに**

木の芽と同じ、春が旬の新じゃが
いもとたけのこを使ったグラタン
です。この季節ならではの組み合
わせで、春を感じられる一品に。

材料と作り方（1人分）

1 新じゃがいも3個は1個ずつ皮ごとラッ
  プで包み、電子レンジで4分加熱して火
  を通し、たけのこ（水煮）小1/4個とと
  もに食べやすい大きさに切って、耐熱容
  器に入れる。

2 生クリーム大さじ3で木の芽みそ大さじ
  1と1/2を溶き、1に加えて混ぜ、パル
  メザンチーズ適量をかける。

3 2をオーブントースターに入れ、焼き色
  がつくまで3〜4分焼く。

青じそを使った保存食

作りたい季節	保存期間		食べ方
夏 7〜8月 1 2 3 4 5 6 7 8 9 10 11 12	冷蔵 **1**ヵ月	冷凍 **1**年	パスタ、そうめん、ピザ、バゲット、カルパッチョに
アルミホイル	ほうろう	保存ビン	フリーザーバッグ・ポリ袋 コンテナ

青じそオイル

和の食材を使ってジェノベーゼ風に

材料（全量120mℓ）

青じそ………………………… 30枚
A [しょうが（薄切り）1〜2枚、
オリーブオイル150mℓ、塩大さ
じ1/2]

作り方

1 青じそは流水で洗い、ペーパータオルで水分を拭き取り、手でちぎりながらフードプロセッサーに入れる。Aを加え（a）、なめらかになるまで撹拌し、ビンに詰める。
＊ミキサーを使う場合は、最初に青じそを半量入れて撹拌し、なめらかになったら残りを加えて撹拌する。
＊ビン以外で保存する場合は、早めに使い切る。

焼いたチーズに混ぜて
しそチーズディップに

カマンベールチーズ1個の上面を
包丁で薄く切り取り、耐熱皿にの
せてチーズが溶けるまでオーブン
トースターで焼き、青じそオイル
小さじ1をのせて混ぜる。再度オ
ーブントースターに入れ、スライ
スしたパンと一緒に焼く。

食べ方②

しらすなどと一緒に
のせて冷やしうどん

お好みのトッピングをのせたうどんに、青じそオイルをかけて。温かい釜揚げうどんにかけてもおいしくいただけます。

材料と作り方（1人分）

1 器に冷やしたゆでうどん1人分にしらす適量、きゅうり・みょうがのせん切り各適量をのせたら、青じそオイル大さじ1をかける。

作りたい季節		保存期間		食べ方
春 3〜5月 1 2 3 4 5 6 7 8 9 10 11 12		冷蔵 3ヵ月	冷凍 1年	そのまま、ごはんのお供、おにぎり、肉炒めに
アルミホイル	ほうろう	保存ビン	フリーザーバッグ・ポリ袋	コンテナ

きゃらぶき

甘辛い味はごはんとの相性抜群

材料（全量120㎖）

ふき ……………………… 1束（300ｇ）
塩 ……………………………… 適量
A［みりん150㎖、しょうゆ50㎖］

MEMO

しっかりと煮詰めるのがコツ

ふきは煮汁がなくなるくらいしっかりと煮詰めることで、ふきの香りたっぷりの佃煮になります。露地物の野ぶきを使うと、さらに香りよく仕上がるので、見つけたらぜひ作ってみてください。

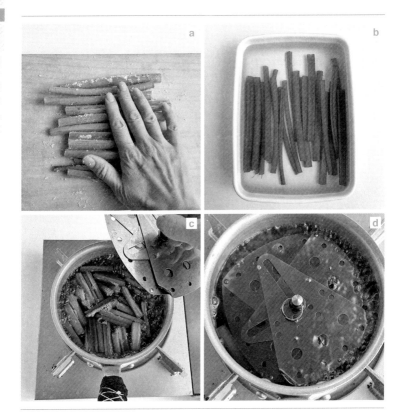

作り方

1 ふきは鍋に入る長さに切りそろえ、
  まな板の上で塩をまぶして板ずりす
  る（a）。

2 鍋に1を入れ、かぶるくらいの水を
  加えてゆでこぼし、水にさらす（b）。

3 2の水けをきり、4cm長さに切った
  ら、鍋に入れ、Aを加えて落とし蓋
  をし、中火にかける（c）。沸騰し
  たら弱火にし、煮汁が1/3以下にな
  って照りが出るまで20〜30分、じ
  っくりと煮詰める（d）。

4 3が熱いうちにビンに詰め、蓋を閉
  めて逆さまにし、冷めるまでおく。

作りたい季節	保存期間		食べ方
春〜夏 5〜8月 1 2 3 4 5 6 7 8 9 10 11 12	冷蔵 2週間	冷凍 —	そのまま、和え物、お茶漬け、刻んでおかずみそに
アルミホイル	ほうろう	保存ビン	フリーザーバッグ・ポリ袋 コンテナ

葉しょうがのみそ漬け

みそのコクがしょうがとよく合う

材料（全量120mℓ）

葉しょうが……… 1束（4本）
A［みそ大さじ4、みりん大さじ1］
＊みその塩分により、みりんの量は調節して。

＊ビン以外で保存する場合は、早めに食べ切る。

作り方

1 葉しょうがは枝分かれしているところを手で折って分け、茎の根元の形を包丁で整え、茎を短く切り落とす。茶色くなっている部分はスプーンでこそげ取る。

2 鍋にAを入れて混ぜ合わせ、弱めの中火にかけ、アルコールが飛ぶまで1分ほど混ぜる。

3 ビンに2と1を交互に入れ、最後に2をかぶせたら、ビンの口の大きさに折ったペーパータオルをのせ、蓋を閉める。

4 3の水分が出てきたらペーパータオルを取り替え、水が溜まらなくなるまで冷蔵庫に2〜3日おく。

葉しょうがを使った保存食②

作りたい季節	保存期間		食べ方
春～夏 5～8月 1 2 3 4 5 6 7 8 9 10 11 12	冷蔵 **3**カ月	冷凍 —	そのまま、薄切り肉を巻いて焼く、刻んで混ぜごはんに

アルミホイル	ほうろう	保存ビン	フリーザーバッグ・ポリ袋	コンテナ

葉しょうがの酢漬け

そのまま日本酒のつまみにしても美味

材料（全量350mℓ）

葉しょうが………… 4束（12本）
A［水200mℓ、塩小さじ1、米酢大さじ2］

＊ビン以外で保存する場合は、早めに食べ切る。

作り方

1 鍋に A を入れて火にかけ、沸騰して30秒～1分したら火を止める。

2 葉しょうがは枝分かれしているところを手で折って分け、茎の根元の形を包丁で整え、ビンの高さに合わせて茎を切り落とす。茶色くなっている部分はスプーンでこそげ取る。

3 鍋に湯を沸かし、2 を大きなものから入れ、すべて入れ終わったらすぐにザルにあげる。

4 1 と 3 の粗熱がとれたらビンに 3 を詰め、1 をひたひたに注ぐ。完全に冷めたら蓋を閉め、冷蔵庫におく。

作りたい季節	保存期間		食べ方
夏 6~8月 1 2 3 4 5 6 7 8 9 10 11 12	冷蔵 **3**ヵ月	冷凍 —	そのまま、和え物、ちらし寿司、鶏の煮物などに

アルミホイル	ほうろう	保存ビン	フリーザーバッグ・ポリ袋	コンテナ

新しょうがの甘酢漬け（ガリ）

スライサーを使えば薄切りもきれいで簡単

材料（全量180㎖）

新しょうが ……………………… 100g
A［米酢大さじ2、水大さじ3、昆布
3×3cm1枚］
砂糖 ……………………………… 大さじ1
塩 ……………………………… 小さじ1/2

MEMO

小分けにして保存が◎

スライサーを使うと薄く切れるので、口当たりがよくなります。一度にたくさん食べるものではないので、小分けで保存が便利。ほんのりピンク色になるのがきれいな甘酢漬けですが、時間がたつにつれ、色が落ちてくるので、色みを楽しむ場合は早めに使い切って。

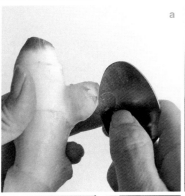

作り方

1 新しょうがは汚れをスプーンでこそ
  げ取り（a）、皮のままごく薄切り
  にする。

2 鍋に湯を沸かし、1 を入れてさっと
  湯に通して（b）ザルにあげ、粗熱が
  とれたらペーパータオルで水けを拭
  き、ビンに詰める。

3 別の鍋に A を入れて混ぜ合わせ、弱
  火でゆっくり加熱し、沸騰直前に昆
  布を取り出す。砂糖と塩を加えて混
  ぜながら煮溶かし、火を止める。

4 3 が冷めたら 2 にひたひたに注ぎ入
  れる（c）。
  ＊ビン以外で保存する場合は、早め
  に使い切る。

作りたい季節	保存期間		食べ方
夏 6〜8月 1 2 3 4 5 6 7 8 9 10 11 12	冷蔵 **2**週間	冷凍 **1**年	水や炭酸水、ビールで割るな どお好みで

アルミホイル	ほうろう	保存ビン	フリーザーバッグ・ ポリ袋	コンテナ

ピンクの
ジンジャーシロップ

新しょうがの薄いピンク色がきれいなシロップ

材料（全量500㎖）

新しょうが ……………………… 150g
カルダモン・クローブ …… 各5〜6粒
（お好みのスパイスに変えてもOK）
グラニュー糖 ………………… 200g
水 …………………………………… 200㎖
レモン汁 ……………………… 大さじ1

MEMO

ひねしょうがで作るときは

新しょうがでしか味わえない、爽やかな辛味と色みがきれいなシロップ。常温だと色があせるので、必ず冷蔵庫か冷凍庫へ。ひねしょうがを使う場合、砂糖は精製されていないものでコクを出し、スパイスは赤唐辛子、シナモン、八角など香りの強いものを使います。

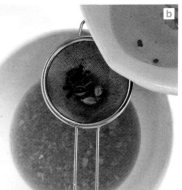

作り方

1 新しょうがは汚れをスプーンでこそげ取り、皮のままおろし金でおろしてボウルに入れる。

2 鍋にクローブ、手で半分に割ったカルダモンを入れてからいりしたら、グラニュー糖、水を加え、弱火で10分ほど煮出す（a）。

3 2が熱いうちに茶こしでこしながら1に加える（b）。

4 3をさらにザルでこして水分を絞ったら、レモン汁を加える（c）。ビンに移し、冷めたら蓋を閉める。

＊ビン以外で保存する場合は、早めに使い切る。

＊絞ったあとのしょうがは、カレーやしぐれ煮、肉じゃがなどに合わせて煮込み料理に使えます。

作りたい季節	保存期間		食べ方
夏 6~8月 1 2 3 4 5 6 7 8 9 10 11 12	冷蔵 6カ月	冷凍 —	そのまま、ちらし寿司、刻んで和え物やサラダに
アルミホイル	ほうろう	保存ビン	フリーザーバッグ・ポリ袋　コンテナ

みょうがの梅酢漬け

梅酢でさっぱりと、食欲をかきたてて

材料（全量180ml）

みょうが……………………120g
A［梅酢（塩分16％のもの）大さじ4、米酢大さじ2、みりん大さじ2］

MEMO

初夏のやわらかいものを使って

みょうがは一年中目にしますが、初夏になると小さくてやわらかい露地物が袋詰めされて店頭に並び始めます。キリッと酸味の効いた梅酢漬けは夏の食卓にぴったり。そのまま焼き物の箸休めや漬け物としてだけでなく、刻んで酢の物やそうめんなどに。

作り方

1 みょうがは半分に切り、さっとゆで
て（a）ザルにあげ、ペーパータオ
ルに包んで水けを拭き（b）、ビン
に入れる。

2 鍋にAを入れて火にかけ、1分ほど
沸騰させて煮切る。

3 2の粗熱がとれたら1に注ぎ（c）、
冷めたら蓋を閉める。
＊ビン以外で保存する場合は、早め
に食べ切る。

作りたい季節	保存期間		食べ方
秋 9月 1 2 3 4 5 6 7 8 9 10 11 12	冷蔵 **2**カ月	冷凍 **1**年	そのまま、ごはんのお供、冷奴、そうめんなどに
アルミホイル	ほうろう	保存ビン	フリーザーバッグ・ポリ袋 コンテナ

穂じそのしょうゆ漬け

チャーハンやパスタに、食感のアクセントとして

材料（全量60㎖）

穂じそ ………………………… 30g
（茎を外して20g）
A [しょうゆ大さじ1と1/2、みりん大さじ1]

MEMO

旬が短いから、保存食が◎

穂じその収穫時季は、露地物の青じその旬が終わりに近づく夏の末から初秋にかけてと、出回る期間が短い食材です。シーズン始めの実は小さくてやわらかく、旬の終わりごろにつれて大きく硬くなっていきます。

作り方

1 深めの耐熱容器に**A**を入れ、ラップ
をせずに電子レンジで1分加熱して
煮切り、冷ましておく。

2 穂じそは茎の太いほうの端を軽くつ
まみ、反対の手で茎を引いて実を落
とす（**a**）。

3 鍋に湯を沸かし、**2**を入れてさっと
ゆで（**b**）、ザルにあげて広げる。冷
めたらペーパータオルで水けを吸わ
せる（**c**）。

4 **3**をビンに詰め、**1**をひたひたに注
ぎ（**d**）、軽く混ぜて蓋を閉める。
＊ビン以外で保存する場合は、早め
に食べ切る。

作りたい季節	保存期間		食べ方
夏 6~7月 1 2 3 4 5 6 7 8 9 10 11 12	冷蔵 **2**週間	冷凍 **1**年	炭酸水やビールで割る、ゼリー、ドレッシングなどに
アルミホイル	ほうろう	保存ビン	フリーザーバッグ・ポリ袋	コンテナ

赤じそシロップ

ドリンクやお酒も、季節の食材を取り入れて

材料（全量250mℓ）

赤じそ	200g（葉130g）
水	400mℓ
グラニュー糖	150g

MEMO

赤じその保存について

砂糖と水のみで作るシンプルなシロップです。葉が傷みやすいので、すぐに仕込めないときは湿らせた新聞紙で包み、ポリ袋に入れて野菜庫へ入れておきます。梅干しの土用干しの頃になると、お店から一斉に姿が消えてしまうので要注意です。

作り方

1 赤じそは茎から葉を外す（a）。

2 鍋に分量の水を入れて沸かし、葉を
　数回に分けてゆで、取り出す（b）。

3 すべてゆで終わったら火を止め、葉
　の汁けを絞って（c）鍋に戻し入れ
　る。再び火にかけてグラニュー糖を
　加え、溶けたらビンに移し、蓋を閉
　める。

【食べ方】

炭酸割りにして飲む

甘さを控えめにしているので、暑
い日でもスッキリとした飲み口で、
たっぷり飲めます。レモン汁やフ
ルーツビネガーを加え、色の変化
を楽しんで。

材料と作り方（作りやすい分量）

1 グラスに赤じそシロップと炭酸水
を1対5の割合で注ぎ、お好みで
氷とレモン汁（またはフルーツビ
ネガー）各適量を加えて混ぜる。

落花生を使った保存食

作りたい季節	保存期間		食べ方
秋 9〜10月 1 2 3 4 5 6 7 8 9 10 11 12	冷蔵 **3〜4**日	冷凍 **1**カ月	そのまま、みそ炒め、ピーナッツ和え、落花生豆腐に

アルミホイル	ほうろう	保存ビン	フリーザーバッグ・ポリ袋	コンテナ
			殻つきで保存	殻つきで保存

ゆで落花生

口寂しいとき、おつまみにあるとうれしい

材料（全量300㎖）

落花生 ⋯⋯⋯⋯⋯⋯ 殻つき400ｇ
（殻をむくと200ｇ強）
塩水 ⋯⋯⋯⋯⋯⋯⋯⋯⋯⋯ 適量
（水1ℓに対して塩大さじ1）

MEMO

殻をむいて保存がおすすめ

落花生は鮮度が落ちやすいので手に入れたらなるべく早くゆでます。殻つきのままだとスペースを取るので、むいてから保存がおすすめ。スペースがある場合は殻をむかずに、そのままフリーザーバッグに入れてもOK。ゆでてからも日持ちがしないので、3〜4日以降は冷凍保存をしてください。

作り方

1 鍋に洛花生とたっぷりの塩水を入れ、中火にかける。沸騰してから40分ほど、ときどき上下を返しながらゆでる（a）。落とし蓋があれば上下を返さなくてOK（b）。

2 1の火を止めたら、蓋をして10分ほど蒸らしてザルにあげる。冷めたら殻をむいてビンに詰めて蓋を閉める（c）。または、殻つきのままフリーザーバッグに入れて保存する（d）。

MEMO

ゆでたてのおいしさを楽しむ

冷凍すると食感が多少落ちてしまうので、まずは冷蔵保存でゆでたてを楽しみ、食べ切れない分は冷凍保存がおすすめです。

食べ方

とろりとした食感の
落花生豆腐がおすすめ

とろんとした食感がおいしい豆腐です。こしたあとの落花生全量とみそ大さじ2、酒大さじ3、砂糖大さじ1を合わせて火にかければ、みそダレに。落花生豆腐や冷奴にかけたり、炒め物の調味料などに使えます。

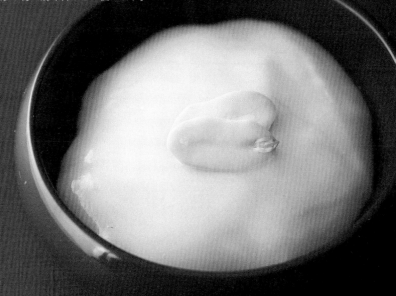

材料と作り方（2人分）

1 殻をむいたゆで落花生50g、水200㎖をミキサーに入れて粉砕し、目の細かい茶こしなどでこす。

2 鍋に1、葛粉30gを入れ、混ぜながら中火にかけ、透き通ってきたらゴムベラで1分ほど練る。

3 器に1人分ずつ盛り、殻をむいたゆで落花生適宜をのせ、粗熱をとる。塩またはしょうゆ適量をかけていただく。

作りたい季節	保存期間		食べ方
秋 10~11月	冷蔵	冷凍	パンに塗る、シチュー、グラ
1 2 3 4 5 6 7 8 9 10 11 12	3~4日	1年	タン、肉料理のソースに

アルミホイル	ほうろう	保存ビン	フリーザーバッグ・ポリ袋	コンテナ

きのこペースト

水分を飛ばしながら、じっくり炒めて

材料（全量120mℓ）

白舞茸・マッシュルーム
　　　　　　合わせて150g
オリーブオイル ……… 大さじ3
塩 …………………… 小さじ1/2

＊ビン以外で冷凍保存する場合は、早めに食べ切る。

作り方

1 白舞茸は根元の部分を薄切りにし、カサは手でほぐす。マッシュルームは石づきを切り落とし、薄切りにする。

2 鍋にオリーブオイルを弱火で熱し、1を入れてじっくりと5分以上炒める（a）。

3 2の粗熱がとれたら、フードプロセッサーに入れてペースト状になるまで撹拌し、塩を加えて味をつけ、ビンに入れて蓋を閉める。

豆乳と合わせて
ポタージュにする

鍋にきのこペースト1/2量、無調
整豆乳200㎖を加えて温め、塩・こ
しょう各少々で味をととのえる。

旨味アップに加えて

シチューやパスタソース、グラタンな
どにきのこペーストを加えると、旨味
がアップします。そのままパンに塗っ
たり、肉料理のソースにしても。

作りたい季節	保存期間		食べ方
秋 10〜11月 1 2 3 4 5 6 7 8 9 10 11 12	冷蔵 **1**ヵ月	冷凍 **1**年	そのまま、サラダ、汁物、炒め物、和え物に

アルミホイル	ほうろう	保存ビン	フリーザーバッグ・ポリ袋	コンテナ

きのこの酒煎り

酒の香りがたまらない！　きのこはお好みで

材料（全量150㎖）

好みのきのこ（しいたけ・
　しめじ・えのきだけなど）
　………………… 合わせて250ｇ
酒 ………………………… 大さじ1
塩 …………………… 小さじ1/2

作り方

1 しいたけは軸を取り除いて薄切りにし、しめじは石づきを切り落としてほぐす。えのきだけは根元を切り落とし、3等分の長さに切ってほぐす。

2 フライパンに1を広げ入れ、酒を加えてから中火にかける。きのこから水分が出てきたら、水分が飛ぶまで炒め、塩で調味する。

3 2が熱いうちにビンに詰め、蓋を閉めて逆さまにし、冷めるまでおく。

きのこを使った保存食 ③

作りたい季節	保存期間		食べ方
秋 10〜11月 1 2 3 4 5 6 7 8 9 10 11 12	冷蔵 2週間	冷凍 1カ月	油で揚げる、スープ、炊き込みごはん、煮物に
アルミホイル	ほうろう	保存ビン	フリーザーバッグ・ポリ袋　コンテナ

干しきのこ

すぐに使わないきのこは、まとめて保存食に

材料（作りやすい分量）

好みのきのこ（しめじ・
　えのきだけ・エリンギなど）
　　　　　　　　　　　適量

MEMO

スープに入れたり揚げて

汁物に干しきのこ適量を入れると
よいだしに。油で揚げ焼きにして
から、サラダや和え物に混ぜても。

作り方

1 しめじ、えのきだけは根元を切り落としてほ
　ぐし、エリンギは手で割いて一口大にし、ザ
　ルに重ならないように広げ、風通しのよい場
　所に1〜2日干す（a）。天日干しでも陰干
　しでもどちらでもよい。

2 1が乾燥したらフリー
　ザーバッグに入れる。
　＊ビンで冷凍保存する
　場合は、1年ほど保存
　できる。

食べ方

旨味たっぷりのおこわに

干して旨味のアップしたきのこと、牛肉の旨味が合わさったおこわです。使い切れなかったきのこを少しずつ干してストックしておけば、いろいろなきのこが入った贅沢な味に。

米2合（もち米1合＋うるち米1合）をといで炊飯釜に入れ、しょうゆ・酒・みりん各大さじ1と1/2を加えてから水を2合の目盛りまで注ぐ。干しきのこ適量（2つかみくらい）、牛こま切れ肉80ｇ、しょうが（せん切り）適量を加え、炊く。

きのこを使った保存食 ④

作りたい季節	保存期間		食べ方
秋 10〜11月 1 2 3 4 5 6 7 8 9 10 11 12	冷蔵 **1**カ月	冷凍 **1**年	そのまま、サラダ、アヒージョ、炒め物、パスタに
アルミホイル	ほうろう	保存ビン	フリーザーバッグ・ポリ袋 / コンテナ

きのこのオイルマリネ

きのこの旨味がたっぷりのオイルも絶品

材料（全量250mℓ）

好みのきのこ（しいたけ・
　舞茸・エリンギなど）
　　　　　　　　合わせて300ｇ
オリーブオイル ……… 大さじ２
塩 ………………………… 小さじ１

作り方

1 しいたけは軸を切り落とし、半分に切る。エリンギは一口大の乱切りにし、舞茸は食べやすい大きさに割く。
2 フライパンに 1 を並べ、弱めの中火で火が通るまでときどき返しながら焼く。オリーブオイルを加えて（a）絡め、塩で調味する。
3 2 をビンに詰め、蓋を閉めて逆さまにし、冷めるまでおく。

作りたい季節	保存期間		食べ方
秋 10〜11月 1 2 3 4 5 6 7 8 9 10 11 12	冷蔵 **1**カ月	冷凍 **1**年	ごはんのお供、冷奴、大根おろし和え、そばに
アルミホイル	ほうろう	保存ビン	フリーザーバッグ・ポリ袋　コンテナ

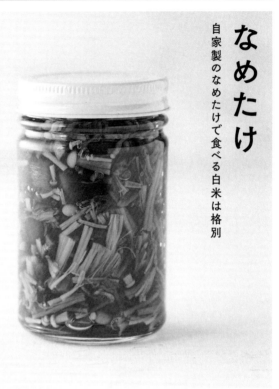

なめたけ

自家製のなめたけで食べる白米は格別

材料（全量250ml）

えのきだけ（白・茶）・なめこ

.... 合わせて250g

A［しょうゆ・みりん各50ml、酒100ml、きび砂糖大さじ1/2］

MEMO

秋には露地物のきのこで

秋になると、通年目にするきのことは違う露地物が出てきます。えのきだけ、なめこのほか、ぬめりのあるきのこなら何でもOK。なめたけにはなりませんが、おいしそうなきのこを見つけたら大きめに切って同様に煮て、きのこ鍋用に保存しておきたいところ。

作り方

1 えのきだけは根元を切り落とし2〜
3cm長さに切る。なめこはカサが大
きい場合は、半分に切る（a）。

2 鍋にA、1を入れて中火にかけ（b）、
沸騰したらアクを取り除き（c）、
弱火にして2〜3分煮る。

3 2が熱いうちにビンに詰め（冷凍す
る場合は、ビンの8分目まで）、蓋
を閉めて逆さまにし、冷めるまでお
く。

作りたい季節	保存期間		食べ方
秋～冬 11～2月 1 2 3 4 5 6 7 8 9 10 11 12	冷蔵 **1**週間	冷凍 **1**カ月	そのまま、素揚げ、オーブン トースターで焼いて
アルミホイル	ほうろう	保存ビン	フリーザーバッグ・ ポリ袋	コンテナ

干しいも

自然の甘みを味わうおやつに

材料(作りやすい分量)

さつまいも ……………………… 適量

MEMO

手作りならではの甘さ

焼きいもを干しているので甘みが凝縮し、素
揚げにすると、凝縮した部分が飴のようにカ
リッと香ばしくなり、手作りでしか味わえな
いおいしさに。シルクスイートなどのしっと
り系のさつまいもが向いています。

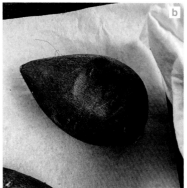

作り方

1 天板にオーブンペーパーを敷き、さ
つまいもをのせる。オーブン(予熱
なし)に入れ、180℃で50分〜1時
間10分焼く(a)。上から押してや
わらかくなっているか確認する(b)。

2 1を食べやすい大きさに切り、間隔
をあけてザルに並べる(c)。風通し
のよい日陰において、好みの硬さに
なるまで1〜2日干し、フリーザー
バッグに入れる。

MEMO

冷凍保存したら

冷凍した干しいもは、自然解凍また
は、電子レンジで軽く温めます。

作りたい季節	保存期間		食べ方
プルーン 夏 7~8月 杏&プラム 夏 6~7月 1 2 3 4 5 6 7 8 9 10 11 12	冷蔵 **2**カ月	冷凍 **1**年	そのまま、パン、ヨーグルト、 かき氷、白玉に
アルミホイル	ほうろう	保存ビン	フリーザーバッグ・ ポリ袋　コンテナ

プルーン&杏&プラムのシロップ

とろみが出るまで煮詰めればジャムになる

プルーンシロップ

材料（全量400mℓ）

プルーン ……………… 5個（400g）
グラニュー糖 ……………… 120g
（プルーンの重さの30%）

作り方

1 プルーンは縦4つ割りにしてから半分に切り、切り口を上にして鍋に入れる。グラニュー糖を全体にかけ、水分が出てグラニュー糖が透明になるまで、30分ほどおく。

2 1を弱火にかけ、煮立ってきたら中火にし、アクを取り除いて火を止める。

3 2が熱いうちにビンのフチまで詰め（冷凍する場合は、ビンの8分目まで）、蓋を閉めて逆さまにし、冷めるまでおく。

杏シロップ

材料（全量600㎖）

杏 2パック（600g）
グラニュー糖 180g
（杏の重さの30%）

作り方

1 杏は半分に切って種を取り出し、切り口を上にして鍋に入れる。グラニュー糖を全体にかけ（a）、水分が出てグラニュー糖が透明になるまで、30分ほどおく（b）。

2 1を弱火にかけ、煮立ってきたら中火にし、アクを取り除いて（c）火を止める。

3 P.106の作り方3同様に作る。

プラムシロップ

材料（全量400㎖）

プラム 4個（400g）
グラニュー糖 120g
（プラムの重さの30%）

作り方

1 プラムは縦4つ割りにしてから半分に切り、切り口を上にして鍋に入れる。グラニュー糖を全体にかけ、水分が出てグラニュー糖が透明になるまで、30分ほどおく。

2 P.106の作り方2、3と同様に作る。

作りたい季節	保存期間		食べ方
いちご **春 4～5月** レモン **冬 12月** 1 2 3 4 5 6 7 8 9 10 11 12	冷蔵 **1** 週間	冷凍 **1** 年	ドリンク、パン、ヨーグルト、 かき氷、白玉に
アルミホイル	ほうろう	保存ビン	フリーザーバッグ・ ポリ袋	コンテナ

いちご＆レモンのシロップ

酸味と甘みが絶妙。実も一緒に召し上がれ

MEMO

火にかけず、風味をいかして

果物のシロップは、砂糖と合わせて火を入れずに作るもの、熱いシロップを直接注いで作るもの、砂糖と一緒に煮るものの3種類に分けて作っています。いちごとレモンは、生の風味をいかして火を入れずに作ります。冷凍するときはビンに入れると風味が落ちません。その場合はビンの8分目まで詰めて。

＊ビン以外で冷凍保存する場合は、早めに食べ切る。

いちごシロップ

材料（全量300〜350㎖）

いちご ……………………………………… 300 g
氷砂糖 ……………………………………… 75 g

作り方

1 いちごは洗い、ヘタを取り除いてペーパータオルで水分を拭き取る。
2 ビンに 1 と氷砂糖を交互に入れ（a）、蓋をして1日1〜2回ビンを逆さまにするように混ぜて常温に 2 〜 3 日おく。
3 2 を小さなビンに詰め替える。

レモンシロップ

材料（全量250㎖）

レモン ……………………………………… 6 〜 7 個
（果実と果汁合わせて200㎖）
氷砂糖 ……………………………………… 100 g
（果汁と果実の重さの50%）

作り方

1 レモンは横半分に切り、小さなスプーンでレモンの果実と果汁をすくい出す（b）。種を取り除いたら、ビンに詰める。
2 1 に氷砂糖を加え、蓋をして1日1〜2回ビンを逆さまにするように混ぜ、常温に 1 〜 2 日おく。

MEMO

旬のおいしい時季を狙って

いちごは12月ごろから店頭に並びますが、酸味の効いた小粒で甘酸っぱいいちごは 4 月下旬〜 5 月が狙い目です。レモンはシーズンになると国産のものを目にするのが当たり前になってきました。果肉と果汁のおいしさをストレートに楽しめるよう、皮は使わずに実をスプーンですくって取り出し、氷砂糖と合わせます。

作りたい季節	保存期間		食べ方
夏 6月 1 2 3 4 5 6 7 8 9 10 11 12	冷蔵 期限なし	冷凍 —	ごはんのお供、和え物、おにぎり、梅ダレに
アルミホイル	ほうろう	保存ビン	フリーザーバッグ・ポリ袋	コンテナ

梅干し

干す時間がない場合は、そのまま梅漬けとして食べても

材料（全量700㎖）

完熟梅	1kg
塩	120ｇ
焼酎（アルコール35度以上のもの）	50㎖
赤じそ	1/2束
（300ｇ／葉は200〜250ｇ）	
塩	40ｇ

MEMO

晴天が3日間続かないときは

梅は完熟で肉厚なものを使うとやわらかく仕上がると言われています。晴天のときに3日3晩干したいところですが、晴天が続かないときは一度室内に入れて合計3日間になるように干します。しっとり仕上げたいときは、梅酢に戻し入れます。

作り方

1 梅は洗ってから竹串などでヘタを取り除き（a）、10カ所程度刺す（b）。

2 大きめのポリ袋に梅、塩120g、梅の順に重ねて入れ、焼酎を加える。袋の空気を抜いて口をしばり、バットなどの上に広げてのせ、上から500g〜1kgの重しをのせ（c）、常温におく。途中水分が出てきたら一度袋を開けて空気を抜く。

3 赤じそは葉を茎から外し、大きめのボウルに入れて洗い、塩20gをまぶして揉む。アクが出て黒っぽい汁が出てきたら、ぎゅっと絞る。塩20gをまぶし、同様に揉んでから絞る（d）。

4 ビンに2、3を詰め、2の袋に残っている梅酢を注ぎ入れ、冷暗所におく。梅雨が明けたら梅を取り出してザルに広げ、3日間天日干しする。

5 4の梅をビンに戻し入れる。

ぶどう・プルーン・柿を使った保存食

	作りたい季節		保存期間		食べ方
			冷蔵	冷凍	
ぶどう 秋 9〜10月／プルーン 夏 7〜8月／柿 秋 10〜11月			**1**週間	**1**カ月	そのまま、シリアル、ヨーグルト、ワインのつまみに
1 2 3 4 5 6 7 8 9 10 11 12					

アルミホイル	ほうろう	保存ビン	フリーザーバッグ・ポリ袋	コンテナ

セミドライフルーツ

小腹が空いたときにも、手軽につまめる

材料（作りやすい分量）

ぶどう・プルーン・柿…各適量
＊ビン以外で冷凍保存する場合は、早めに食べ切る。

MEMO

柿は熟れすぎていないものを

柿は熟れすぎていると乾きにくいので、ある程度形のあるものを使いましょう。解凍すると水っぽくなることがあるので、冷凍するときはしっかりと乾かしておきます。

作り方

1 ぶどうは皮つきのまま半分に切り、プルーンも皮つきのまま縦6〜8等分に切る。柿は皮をむいて7〜8mmほどの厚さに切る。

2 1をそれぞれザルに並べ、風通しのよい場所で一晩干す（a）。

3 2の表面が乾いてきたら裏返し、両面を乾かす。これを好みの干し加減になるまで、繰り返し、ビンに詰める。

ヨーグルトのトッピングとして

器にヨーグルトを盛り、ドライフ
ルーツやお好みのシリアルを散ら
して。

かぼすを使った保存食

作りたい季節	保存期間		食べ方
秋 9〜10月 1 2 3 4 5 6 7 8 9 10 11 12	冷蔵 1 カ月	冷凍 1 年	白身の刺身につける、酢の物、 ドレッシング代わりに

アルミホイル	ほうろう	保存ビン	フリーザーバッグ・ ポリ袋	コンテナ

白ポン酢

かぼすが手に入ったら作りたい、フレッシュなポン酢

材料（全量120ml）

かぼす ‥‥‥‥‥‥ 3個（果汁大さじ3）
米酢・酒・みりん ‥‥‥‥ 各大さじ2
しょうゆ ‥‥‥‥‥‥‥‥‥ 小さじ1/2
塩 ‥‥‥‥‥‥‥‥‥‥‥‥‥ 小さじ2
昆布 ‥‥‥‥‥‥‥‥‥ 3×5cm 1枚

MEMO

青い皮の柑橘類で作れる

白身の魚など、繊細な味のものと相性のよい
ポン酢です。すだちや青柚子など青い皮の柑
橘類でもおいしく作れます。切り口を上にし
て搾るのは、皮に含まれる精油も果汁と一緒
に流れ落ちるようにするためです。

作り方

1 鍋に酒、みりんを入れ、30秒〜1分
　中火にかけて煮切りしておく（a）。

2 かぼすは横半分に切り、切り口を上
　にして果汁を搾り（b）、種を取り除
　く。

3 ビンに2の果汁大さじ3、1を入れ
　（c）、残りの調味料を加えて（d）混
　ぜ、塩が溶けたら昆布を加え、冷蔵
　庫に2〜3日おく。
　＊ビン以外で保存する場合は、早め
　に食べ切る。

作りたい季節	保存期間		食べ方
秋 9~10月	冷蔵	冷凍	茶巾、汁粉、生クリームを混ぜてマロンクリームに
1 2 3 4 5 6 7 8 9 10 11 12	3~4日	1年	
アルミホイル	ほうろう	保存ビン	フリーザーバッグ・ポリ袋 コンテナ

マロンペースト

栗を使ったアレンジの幅がぐっと広がる

材料（全量400㎖）

生栗 ………………………… 500g
きび砂糖 …………………… 200g

MEMO

栗の旨味をまるごと堪能

ゆでた栗の実をスプーンで出してこすだけなので、栗の皮をむいて手が痛くなることがないうえに、ペーストにすることで栗の旨味そのものを楽しめます。ビンを小分けにして冷凍しておくと、必要な分だけ解凍して使えます。

作り方

1 鍋にたっぷりの湯を沸かし、栗を入
　れて中心までやわらかくなるまで弱
　めの中火で40〜50分ゆでる。

2 栗が冷めないように湯につけておき
　ながら、2〜3個ずつ取り出して（a）
　半分に切り、スプーンで実をすくい
　出し（b）、裏ごしする（c）。

3 鍋に 2 、きび砂糖を入れて混ぜたら
　弱めの中火にかけ、全体がまとまる
　までゴムベラで練り混ぜる（d）。

4 3 をビンに詰め、冷めたら蓋を閉める。
　＊ビン以外で冷凍保存する場合は、
　早めに食べ切る。

食べ方①

形を整えて栗きんとんに

マロンペースト適量をラップやぬ
れ布巾にのせて茶巾に絞る。冷凍
したものは冷蔵庫に2〜3時間お
いて、解凍してから使って。

食べ方②

挟んでクロワッサントーストに

マロンペースト適量を生クリーム
適量でのばす。半分に切ったミニ
クロワッサンに塗って挟み、オー
ブントースターで焼く。

作りたい季節	保存期間		食べ方
夏 6~7月 1 2 3 4 5 6 7 8 9 10 11 12	**冷蔵** 6カ月	**冷凍** 1年	ドリンク、実をヨーグルトに 混ぜる、肉の煮込みに
アルミホイル	ほうろう	保存ビン	フリーザーバッグ・ ポリ袋 　コンテナ

プラムビネガー

季節の果物を使った果実酢で健康ドリンクに

材料（全量800㎖）

プラム	3個（400ｇ）
氷砂糖	250ｇ
リンゴ酢	250㎖

MEMO

爽やかな初夏に合うドリンク

そのまま食べると皮に酸味があるプラムは、サワードリンクやジャムに向いています。きれいに透き通った赤い色と爽やかな酸味は、初夏のドリンクにぴったり。プラム、キウイフルーツ、パイナップルなどでも作れます。

作り方

1 プラムは縦6〜8等分に切り、氷砂糖と交互にビンに入れる（a）。

2 1にリンゴ酢を注ぎ入れ（b）、蓋を閉める。1日1回ビンを逆さまにするように混ぜて常温に2〜3日おく。

食べ方

炭酸水で割って
プラムサワーに

プラムビネガーと炭酸水を1対5で割ってプラムサワーに。実はヨーグルトと一緒に食べたり、酸味が肉料理のソースにも合います。

作りたい季節	保存期間		食べ方
秋〜冬 10〜12月 1 2 3 4 5 6 7 8 9 10 11 12	冷蔵 6カ月	冷凍 —	パン、ヨーグルト、パイのフィリングに
アルミホイル	ほうろう	保存ビン	フリーザーバッグ・ポリ袋 コンテナ

りんごジャム

皮と一緒に煮れば、やさしい色合いに

材料（全量260mℓ）

りんご	紅玉2個（400g）
グラニュー糖	120g
レモン汁	大さじ2

MEMO

やわらかくなったりんごが◎

りんごは少し日にちがたってやわらかくなってきたものが砂糖となじみ、やわらかなジャムに仕上がります。実がしっかりとゴロゴロ入ったものにしたいときは、新鮮なパリッとしたものでOK。熱いうちにビンのフチまで詰めて蓋をしましょう。

作り方

1 りんごは皮をむき、1〜2cm角に切る（a）。皮は捨てずに、お茶パックに詰める（b）。

2 鍋に1のりんご、グラニュー糖、レモン汁を入れて混ぜ、そのまま30分ほどおく。

3 2の水分が出てきたら（c）弱火にかけ、煮立ってきたらアクを取り除く。お茶パックごと皮を加え、蓋をしてぐらぐらと煮立てないように弱火で10〜15分煮る。

4 煮汁が少なくなりとろりとしてきたら、お茶パックを絞って取り出し（d）、熱いうちにビンのフチまで詰める。蓋を閉めて逆さまにし、冷めるまでおく。

作りたい季節	保存期間		食べ方
冬 11〜12月	冷蔵 **2**カ月	冷凍 **1**年	そのまま、お湯割、葛湯など の温かいドリンクに

アルミホイル	ほうろう	保存ビン	フリーザーバッグ・ポリ袋	コンテナ

金柑のシロップ煮

柑橘の搾り汁を加えて爽やかに

材料（全量450ml）

金柑	500 g
グラニュー糖	100 g
柑橘（柚子・はっさくなど）の 搾り汁	100ml
（レモンは味が強いのでNG）	

MEMO

皮をやわらかく仕上げるポイント

年末が近くなると、柑橘類が増え金柑も店頭に並び始めます。金柑だけで煮ても十分においしいですが、他の柑橘と合わせることでさらに香りよく仕上げました。皮が硬くならないよう、弱火でフツフツ煮て、ビンにすき間なく詰めたら熱いうちに蓋を閉めます。

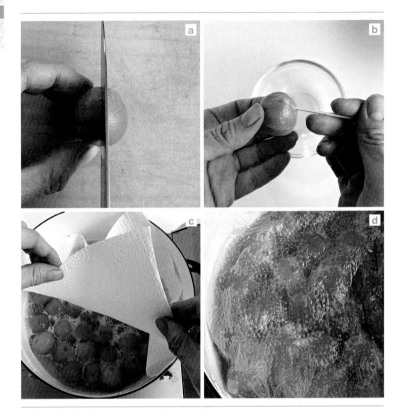

作り方

1 金柑は縦に1cmくらいの間隔で包丁を入れる（a）。

2 1をゆでこぼし、手で持てるくらい冷めたら、竹串などで種を取り出す（b）。

3 鍋に2、グラニュー糖、柑橘の搾り汁を順に入れ、中火にかける。沸騰したらペーパータオルをかぶせ（c）、ごく弱火にし、皮が好みのやわらかさになるまで15〜20分、ゆっくりと煮る（d）。

4 3が熱いうちにビンに詰め、蓋を閉めて逆さまにし、冷めるまでおく。

作りたい季節	保存期間		食べ方
夏 6~7月	冷蔵	冷凍	パン、ヨーグルト、肉料理の
1 2 3 4 5 6 7 8 9 10 11 12	6ヵ月	—	ソースに

アルミホイル	ほうろう	保存ビン	フリーザーバッグ・ポリ袋	コンテナ

ブルーベリージャム

きび砂糖のコクと風味がブルーベリーの酸味とよく合う

材料（全量500~550mℓ）

ブルーベリー	400g
水	300mℓ
きび砂糖	80g
レモン汁	大さじ2

MEMO

やわらかく仕上げるには

実に砂糖を直接まぶして煮ると、皮が硬くなってしまうので、まずは水で煮て、皮までやわらかくしてから煮込むのが正解です。スプーンで水に数滴落とし、固まって下に落ちていけばできあがりの合図。やわらかい果肉を楽しむなら、煮詰めすぎないように注意します。

作り方

1 鍋にブルーベリーと分量の水を入れ、中火にかける。沸騰したらアクを取り除き（a）、ぐらぐらと煮立てないように弱火で10〜15分、皮がやわらかくなるまで煮る。

2 1にきび砂糖（b）とレモン汁（c）を加え、好みの硬さになるまで煮詰める。

3 2が熱いうちに、ビンのフチまで詰め、蓋を閉めて逆さまにし、冷めるまでおく。

作りたい季節	保存期間		食べ方
秋〜冬 11〜12月 1 2 3 4 5 6 7 8 9 10 11 12	冷蔵 **3**カ月	冷凍 **1**年	ドリンク、ヨーグルト、パン、 煮込み、ドレッシングに
アルミホイル	ほうろう	保存ビン	フリーザーバッグ・ ポリ袋 コンテナ

はちみつ柚子茶

冬にぴったり、温かいティータイムに

材料（全量600㎖）

黄柚子（直径6㎝くらいのもの）……4個
塩………………………………………適量
はちみつ………………約250〜300㎖

MEMO

年越し前の黄柚子を使って

産地にもよりますが、11月下旬〜12月頃に出てくる直径6〜8㎝ほどの黄柚子は香りがよく、果汁もたっぷり。年を越すとサイズは大きくなりますが果汁が減ってきます。柚子を丸ごと楽しむには、柚子茶がおすすめです。

作り方

1 黄柚子は塩で表面をこすって汚れを
　落とし（a）、水で洗い流し、ペーパ
　ータオルで水分を拭き取る。ヘタを
　取り除き、横半分に切って竹串など
　で種を取り除いたら（b）、薄いいち
　ょう切りにする（c）。

2 ビンに1を詰め、はちみつを柚子の
　上1cmほどまでかぶるように注ぎ入
　れて蓋を閉める（d）。常温に2～3
　日おき、1日1回かき混ぜる。

作りたい季節	保存期間		食べ方
秋〜冬 11〜12月 1 2 3 4 5 6 7 8 9 10 11 12	冷蔵 **2**カ月	冷凍 **1**年	刺身、サラダ、漬け物、炒め物、煮物などに

アルミホイル	ほうろう	保存ビン	フリーザーバッグ・ポリ袋	コンテナ

柚子ポン酢

鍋料理がおいしい冬は、自家製の柚子ポン酢を

材料（全量200㎖）

黄柚子（直径6㎝くらいのもの）
　　　　　　　　　　　　　3個
かつお節　　　　　　　　　2g
昆布　　　　　3〜4㎝角1枚
しょうゆ　　　　　　大さじ3
米酢　　　　　大さじ1と1/2
きび砂糖　　　　　　小さじ1
A［みりん・酒各大さじ3］

作り方

1 黄柚子は果汁を大さじ3ほど搾る。

2 かつお節はお茶パックに入れ、昆布、しょうゆ、米酢、きび砂糖と一緒にビンに入れる。

3 鍋にAを入れて中火にかけ、沸騰したら弱火にして1分ほど加熱して火を止める。

4 3が熱いうちに1と一緒に2に加え、蓋を閉めて冷蔵庫に入れる。2〜3日後にかつお節を取り除く。

＊ビン以外で保存する場合は、早めに食べ切る。

黄柚子を使った保存食③

作りたい季節	保存期間		食べ方
秋〜冬 11〜12月 1 2 3 4 5 6 7 8 9 10 11 12	冷蔵 **1**年	冷凍 —	刻んでフレーバーソルトとして、肉・魚の下味に
アルミホイル	ほうろう	保存ビン	フリーザーバッグ・ポリ袋 　コンテナ

柚子の皮の塩漬け

保存食にしておけば、手軽にすぐ使えて便利

材料（作りやすい分量）

黄柚子（直径6cmくらいのもの）
.... 3個
塩 .... 適量
塩 大さじ1/2

MEMO

下味から仕上げと幅広く

刻んで料理の仕上げに使うだけでなく、肉や魚の下味にまぶしたり、素材と一緒に煮込んだりと柚子の香りを楽しめます。

作り方

1 黄柚子は塩適量で表面をこすって汚れを落とし、水で洗い流し、ペーパータオルで水分を拭き取る。白いワタを残すように包丁で皮を薄くむき（a）、皮に塩大さじ1/2をまぶす。

2 ビンに1の皮を詰め、蓋を閉めて常温に1〜2日おく。

作りたい季節	保存期間		食べ方
白桃 夏〜秋 7〜9月 ぶどう 秋 9〜10月 1 2 3 4 5 6 7 8 9 10 11 12	冷蔵 **2〜3**日	冷凍 **1**年	ヨーグルト、かき氷、白玉に
アルミホイル	ほうろう	保存ビン	フリーザーバッグ・ポリ袋 　コンテナ

桃 & ぶどうのシロップ漬け

シロップとなじむ冷凍も、違った風味で楽しめる

白桃のシロップ漬け

材料（全量500㎖ *
　280㎖ビン2本分）

白桃	2個
レモン汁	大さじ2
水	200㎖
グラニュー糖	60g

＊ビン以外で冷凍保存する場合
は、早めに食べ切る。

作り方

1 桃は皮をむいて2〜3cm角に切り、レモン汁を
　絡めてビンに入れる。皮は捨てずに、お茶パッ
　クに詰め（左ページ a）、桃の上にのせる。

2 鍋に分量の水、グラニュー糖を入れて火にか
　け、煮溶かす。熱いうちに1にひたひたに注
　ぎ（左ページ b）、常温に1〜2時間おく。

3 2のシロップだけを取り出して鍋に入れ、弱
　めの中火にかけて半量になるまで煮詰めたら、
　ビンに戻し入れて蓋を閉める。

ぶどうのシロップ漬け

材料（全量500㎖＊
　280㎖ビン2本分）

巨峰	1房
水	200㎖
グラニュー糖	60g

作り方

1 巨峰は皮をむき、ビンに入れる。皮は捨てずに、お茶パックに詰め（c）、巨峰の上にのせる。

2 鍋に分量の水、グラニュー糖を入れて火にかけ、煮溶かす。熱いうちに1にひたひたに注ぎ、常温に1〜2時間おく。

3 2のシロップだけを取り出して鍋に入れ、弱めの中火にかけて半量になるまで煮詰めたら、ビンに戻し入れて蓋を閉める（d）。

＊ビン以外で冷凍保存する場合は、早めに食べ切る。

作りたい季節	保存期間		食べ方
通年 1 2 3 4 5 6 7 8 9 10 11 12	冷蔵 **1〜2**週間	冷凍 —	そのまま、ヨーグルト、フルーツグラタン、シリアルに
アルミホイル	ほうろう	保存ビン	フリーザーバッグ・ポリ袋　コンテナ

フルーツマリネ

ちょっとだけ残ってしまった果物で作れる

材料（全量200㎖）

余った果物…合わせて200g
（写真はグレープフルーツ、オレンジ、
　キウイフルーツ）

はちみつ……………………大さじ2
レモン汁……………………大さじ1

MEMO

余った果物を最後までおいしく

食べ切れなかった果物は、切り口から乾いて傷んできてしまいます。余ったときにカットしてマリネ液に加えて、2〜3日ごとに混ぜておけば1〜2週間日持ちします。果物を加えるときは、量に合わせてはちみつもプラスして。バナナは香りが強すぎるので一緒にしないほうがベター。

作り方

1 果物は同じくらいの大きさに切る
（a）。

2 ほうろう容器に1を入れ、はちみつ
とレモン汁を加え（b）、混ぜる（c）。

食材保存テク（野菜＆果物）

野菜や果物が余分にあるときは、冷凍保存がおすすめです。
食品のロスを防ぐことができ、おいしさも長持ちします。

おすすめ冷凍食材

下処理をして冷凍します。生のまま冷凍できるものもあり簡単！
調理したときに、おいしく食べられる状態で保存しましょう。

オクラ

ガクを取り除き、塩ゆでして刻む。小分けにしてラップで包み、フリーザーバッグに入れて冷凍する。

冷凍 **2** 週間

とうもろこし

皮とひげを取ってゆでる。芯から実をはずし、芯もそれぞれラップに包み、フリーザーバッグに入れて冷凍する。

冷凍 **2** 週間

トマト

ヘタを取って丸ごとフリーザーバッグに入れて冷凍する。トマトは冷凍することで旨味がアップする。

冷凍 **1** カ月

さやいんげん

ヘタを切り落とし、生のまま1cm長さに刻む。小分けにしてラップに包み、フリーザーバッグに入れて冷凍する。

冷凍 **2** 週間

MEMO

干し野菜なら冷蔵or冷凍保存に

干し野菜はセミドライなら冷蔵保存がおすすめです。しっかり干したものは冷凍保存にしましょう。

切り干し大根

5mm厚さのいちょう切りにし、ザルに広げて1〜2日干す。フリーザーバッグに入れる。

冷蔵 **2** 週間　冷凍 **1** カ月

冷凍余り野菜はスープの具に

手軽にストックできて、使いやすい。野菜をちょっとプラスしたいときに。

パプリカ、さやいんげん

残りがちなパプリカ、さやいんげんなどは刻んでラップに包み、ひとまとめにして冷凍。

小松菜

すぐにしんなりしてしまう小松菜は、細かく刻んでフリーザーバッグに入れて冷凍。

余り野菜は
刻んで冷凍が◎

使い切れなかった野菜は、刻んで冷凍しておけば、スープや煮込みなど、ちょっと色みを足したいときに便利です。葉物は切らずに冷凍し、使うときは解凍せずに手で折りながら加えても。

スムージーにおすすめ

1種類だけでなく、数種類をミックスさせてから保存しても便利です。

小松菜

スムージー用は大きめに切って冷凍でOK。

パプリカ、にんじん

色が濃く、甘みのある野菜もまとめて冷凍。

果物ミックス

数種類の果物を一緒に冷凍がおすすめ。

いちご

ヘタを取り、食べやすい大きさに切って冷凍。

ブルーベリー

そのままフリーザーバッグに入れ、平らにして冷凍。

バナナ

皮をむき、手でちぎってフリーザーバッグに入れて冷凍。

果物や緑黄色野菜を
まとめて冷凍

ジュースに向いている野菜や果物もザクザクと切って冷凍しておき、その日の気分で組み合わせてミキサーへ。果物はヨーグルトやシリアルに合わせても。

下処理に少し手間や時間がかかる山菜は、まとめて下ゆでしておき、
冷蔵保存が便利です。小分けに保存しておいてもOK。

たけのこ水煮

旬の生たけのこを
下ゆでして冷蔵保存

水煮にしたたけのこ（P.42参照）を保
存容器に入れ、かぶるまで水を加えて冷
蔵庫で保存する。1～
2日おきに水を替える。
保存期間は冷蔵1週間
ほど。

下ゆで＆保存HOW TO

冷凍保存すると解凍した際に食感が悪くなるので、冷蔵で保存します。すぐに食
べないときは、P.42の注記＊の方法で保存しましょう。

ふき水煮

下処理が面倒なふきは
まとめて下ゆでを

ふきは鍋に入る長さに切りそろえ、まな
板の上で粗塩適量をまぶして板ずりする。
鍋に入れてかぶるくらいの水を加えてゆ
でこぼし、水にさらす。保存容器の大き
さに合わせて切り、ふきがかぶるまで水
を注ぎ、冷蔵庫で保存する。1～2日お
きに水を替える。保存期間は冷蔵1週間
ほど。

下ゆで＆保存HOW TO

時間がないときは筋をつけたまま保存し、使うときにむいてもOKです。

PART

3

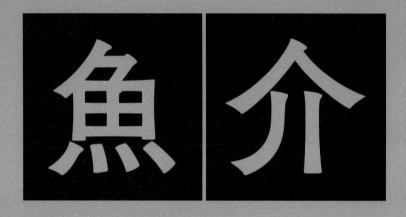

魚介

の保存食&食べ方テク

賞味期限の短い魚介を臭みのない状態で、お
いしさを長時間キープできるのが保存食の素
晴らしいところ。さらに漬けておくことでお
いしさもアップするので一石二鳥です。

作りたい季節	保存期間		食べ方
春 ～ 夏 5~7月 1 2 3 4 5 6 7 8 9 10 11 12	冷蔵 3~4日	冷凍 3週間	そのまま、炙る、和え物、ち らし寿司、焼きおにぎりに
アルミホイル	ほうろう	保存ビン	フリーザーバッグ・ポリ袋 　コンテナ

あじの酢じめ

身の表面に酢が行き渡るようにするのがコツ

材料(作りやすい分量)

あじ(3枚におろしたもの) ……… 2尾分
塩 ……………………………………… 適量
A[米酢大さじ3、砂糖大さじ1/2、
塩2つまみ]

MEMO

あじは3枚おろしを買うとラク

あじは刺身でも焼いても、何をしてもおいしい魚。酢じめにするとさっぱりとしていて、しめさばとはまた違うおいしさに。3枚おろしを買ってくれば簡単に作れます。冷凍で保存するときは、解凍時に水分が出ることがあるので拭いてから切りましょう。

郵便はがき

$1\ 0\ 4 - 8\ 0\ 1\ 1$

株式会社
朝日新聞出版
生活・文化編集部 行

東京都中央区築地
5－3－2

ご住所　〒		
電話　　（　　　）		
ふりがな お名前		
Eメールアドレス		
ご職業	年齢 　　歳	性別 男・女

このたびは本書をご購読いただきありがとうございます。
今後の企画の参考にさせていただきますので、ご記入のうえ、ご返送下さい。
お送りいただいた方の中から抽選で毎月10名様に図書カードを差し上げます。
当選の発表は、発送をもってかえさせていただきます。

愛読者カード

お買い求めの本の書名

お買い求めになった動機は何ですか？（複数回答可）

1. タイトルにひかれて　2. デザインが気に入ったから
3. 内容が良さそうだから　4. 人にすすめられて
5. 新聞・雑誌の広告で（掲載紙誌名　）
6. その他（　）

表紙　1. 良い　2. ふつう　3. 良くない
定価　1. 安い　2. ふつう　3. 高い

最近関心を持っていること、お読みになりたい本は？

本書に対するご意見・ご感想をお聞かせください

ご感想を広告等、書籍のPRに使わせていただいてもよろしいですか？

1. 実名で可　2. 匿名で可　3. 不可

ご協力ありがとうございました。
尚、ご提供いただきました情報は、個人情報を含まない統計的な資料の作成等に使用します。その他の利用について詳しくは、当社ホームページ https://publications.asahi.com/company/privacy/ をご覧下さい。

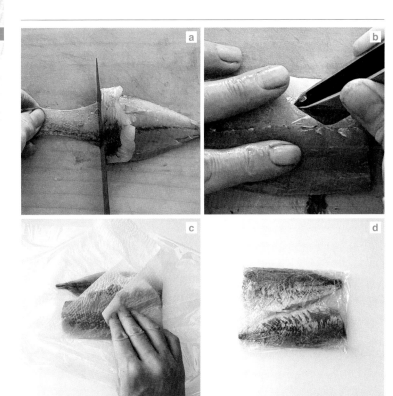

作り方

1 深めの耐熱容器にAを入れて混ぜ合
  わせ、ラップをせずに電子レンジで
  30秒加熱し、砂糖が溶けるまで混ぜ
  る。

2 あじは腹骨がついていたら包丁です
  き取って皮をひき（a）、骨抜きで小
  骨を抜く（b）。全体に強めに塩をふ
  り（身が薄いところは少なめにふ
  る）、30分ほどおく。

3 2の水分をペーパータオルでしっか
  りと拭き取り、新しいペーパータオ
  ルで1尾分ずつ包む（c）。1をかけ
  て全体に行き渡らせたら、ラップで
  包み（d）、コンテナに入れる。

きゅうりや薬味を添えて
さっぱりといただく

お好みの薬味と合わせた、冷酒などと相性のよい一品です。みょうが以外にも、万能ねぎや青じそ、スプラウトなどをお好みで合わせても。

材料と作り方（2人分）

1 きゅうり1/2本とみょうが適量は薄切りにし、塩揉みする。

2 あじの酢じめ1尾分を食べやすい大きさにそぎ切りにして器に盛り、1とおろししょうが適量を添える。

食べ方②

薬味と一緒に混ぜ
寿司にする

ごはんに混ぜ込んで、さっぱりと
爽やかな混ぜ寿司に。暑い季節に
もぴったりの一品です。

材料と作り方（2人分）

1 あじの酢じめ1/2尾分は角切りに
する。ガリ20ｇはせん切り、青じ
そ2枚は5㎜角に切る。

2 炊きたてのごはん茶わん2杯分に
1、白炒りごま小さじ1を混ぜて
器に盛り、万能ねぎ（小口切り）適
量を散らす。好みでしょうゆ適宜
をかける。

作りたい季節	保存期間		食べ方
春 〜 夏 5~7月	冷蔵 3~4日	冷凍 3週間	焼く、蒸す、ほぐして混ぜご はんに
1 2 3 4 5 6 7 8 9 10 11 12			

アルミホイル	ほうろう	保存ビン	フリーザーバッグ・ポリ袋	コンテナ

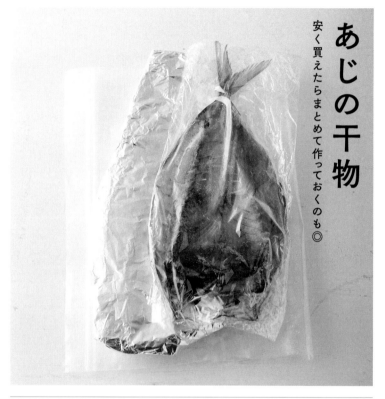

あじの干物

安く買えたらまとめて作っておくのも◎

材料（2枚分）

あじ ……………………………………… 2尾
塩水 ……………………………………… 適量
（水100mlに対して塩5g）

MEMO

冷蔵庫で干せるから気軽に

手作りの干物は、適度に水分が飛んで中はしっとり。初めてでも冷蔵庫で干せば失敗なしで作れます。開くのは背、腹どちらからでもOKです。自分で開くのはちょっと…という方は、フライ用に開いてあるものでも十分においしく仕上がります。

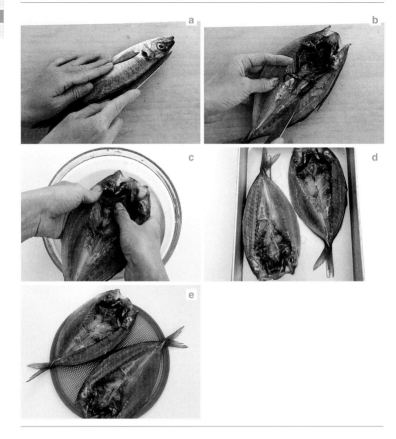

作り方

1 あじはゼイゴを包丁で切り落とし、尾から頭に向かって包丁を動かしてウロコを取り除いたら、背ビレの脇から包丁を入れて（a）中骨に沿って腹側の皮を切らないように気をつけながら開く。頭にも包丁を入れて半分に開き、身に内臓がつかないように気をつけながら取り除く（b）。

2 ボウルに水を入れ、腹の部分をきれいに洗う（c）。

3 バットに塩水、2 を入れ（d）、冷蔵庫で半日ほど浸ける。

4 3 の水分をペーパータオルでしっかりと拭き、ザルにのせて（e）冷蔵庫で一晩、裏返してもう一晩おいて乾燥させる。1 尾ずつラップ、アルミホイルの順に包み、フリーザーバッグに入れる。コンテナで保存する場合は、アルミホイルに包まず、ラップのままコンテナに入れる。

作りたい季節	保存期間		食べ方
春 3〜5月 1 2 3 4 5 6 7 8 9 10 11 12	冷蔵 **3**年	冷凍 —	パスタ、サラダ、カナッペ、 バーニャカウダに
アルミホイル	ほうろう	保存ビン	フリーザーバッグ・ ポリ袋	コンテナ

アンチョビー

サラダやパスタなど、万能食材も自家製で

材料（全量150m*ℓ*＊
　85mℓビン2本分）

かたくちいわし ……………… 30〜40尾
岩塩 ……………………………… 200g
　（粗塩でもOK）
オリーブオイル ……… 大さじ4〜5

MEMO

時間をかけてじっくり熟成を

アンチョビーは最低でも1カ月、できれば3
カ月以上塩に漬けて熟成させます。身の色が
P.147 **c** のように茶色く変わってきたら熟成
の合図。オリーブオイルに漬けてからも、常
温においておくと徐々に熟成が進みます。い
わしのエキスが詰まった漬け汁や塩も、味つ
けに使えます。

a

b

c

作り方

1 いわしは包丁でウロコを、手で頭を取り除く。保存容器に岩塩、いわし、岩塩、いわし、岩塩の順に入れ（a）、上から重しをして漬ける。

2 1の身が全体に茶色みを帯びて発酵してきたら手で3枚におろし（b）、背ビレ、内臓などの余分な部分を取り除いて（c）水で洗い、ペーパータオルで水けを拭き取る。

3 ビンに2を詰め、いわしがかぶるくらいまでオリーブオイルを注ぎ、蓋を閉める。
＊ビン以外で保存する場合は、早めに食べ切る。

バターと合わせて
アンチョビーバターにする

バターにアンチョビーを混ぜるだけで、いつもとひと味違ったバターに。お好みの野菜やパンなどにつけて食べられます。

材料と作り方（作りやすい分量）

1 バター50gは室温に戻す。アンチョビー10gは包丁で叩く。

2 器に1を混ぜ合わせ、冷蔵庫で冷やす。

食べ方②

サラダのトッピングにして

器にサラダ菜、ゆで卵、モッツァレラチーズ、
ブラックオリーブ、ミニトマトなどお好みの
具を盛り、手でちぎったアンチョビーをのせる。
好みでオリーブオイルとレモン汁をかける。

作りたい季節	保存期間		食べ方
夏 6~7月 1 2 3 4 5 6 7 8 9 10 11 12	冷蔵 1カ月	冷凍 1年	そのまま、フライパンで焼く、ほぐしてパスタに

アルミホイル	ほうろう	保存ビン	フリーザーバッグ・ポリ袋	コンテナ

オイルサーディン

手作りならではの熟成過程を楽しんで

材料（全量280㎖）

真いわし（約16cmのもの）
.... 10尾
塩水…適量（水100㎖に対して塩10g）
A［赤唐辛子1本、ローリエ1枚、にんにく1片］
オリーブオイル .... 100㎖
（容器により異なる）

MEMO

ツヤのあるいわしを見つけたら

梅雨の時期に出てくる小いわしは、ツヤツヤでとてもきれいです。ピンッと尾まで張った、張りのあるいわしを見つけたらオイルサーディンにしてみてください。P.194のするめいかのオイル煮のように、ほうろうで仕込んでもOKです。その場合は1週間を目安に食べ切ります。

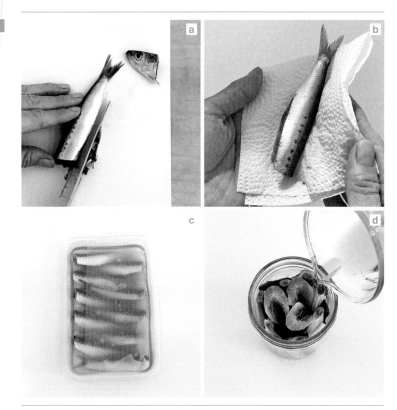

作り方

1 いわしは包丁でウロコをこそげ取り、頭を切り落とす。肛門から頭に向かって腹を切り落とし（a）、内臓を包丁でかき出してきれいに洗う。

2 1の水分をペーパータオルで拭き取り（b）、ひたひたの塩水に一晩浸ける（c）。上にペーパータオルをかぶせておくと、塩水が均一に浸かる。

3 2の水分をペーパータオルでしっかりと拭き取ってから、耐熱ビンの高さに合わせていわしを切り、並べ入れる。

4 3にAを入れ、いわしがかぶるくらいまでオリーブオイルを注ぎ（d）、100℃に予熱したオーブンで1時間10分〜1時間20分加熱して火を通す。冷めたら蓋を閉める。
＊ビン以外で保存する場合は、早めに食べ切る。

作りたい季節	保存期間		食べ方
春～夏 5～7月 秋 9～10月 1 2 3 4 5 6 7 8 9 10 11 12	冷蔵 **3～4**日	冷凍 **3**週間	そのまま、お茶漬け、刻んで 和え物、炒め物に
アルミホイル	ほうろう	保存ビン	フリーザーバッグ・ ポリ袋 　コンテナ

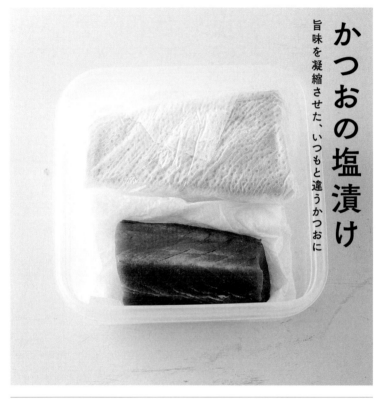

かつおの塩漬け

旨味を凝縮させた、いつもと違うかつおに

材料（作りやすい分量）

かつお（さく）‥‥‥‥‥‥‥‥100g
　（刺身で余ったものでもOK）
塩‥‥‥‥‥‥‥‥‥‥‥‥‥‥適量

MEMO

1週間おいて熟成させても

かつおの塩漬けを1週間ほどそのまま冷蔵庫においてから、外側を5mmほど切り落とし、中の部分をスライスすると、熟成された塩漬けを楽しめます。まぐろのさくでも同様にできます。お刺身にしたさくが余ったときに漬けておくと、無駄になりません。

 a

 b

作り方

1 バットにかつおを入れて全体に塩を
たっぷりとまぶし（a）、常温に1〜
2時間おき、水分を出す（b）。

2 ペーパータオルで1の水けを拭き取
る。さらに塩を軽くまぶしたら、ペ
ーパータオル、ラップの順で包み、コン
テナに入れて冷蔵庫で一〜二晩おく。
＊冷凍保存する場合は、ペーパータ
オルを外してからラップで包む。

食べ方

薄切りにしてお茶漬けに

ごはんに薄切りにしたかつおの塩
漬けをのせ、ちぎった焼きのりを
散らし、熱いお茶をかける。お好
みでわさびを添えて。

MEMO

お酒との相性◎

薄く切って生ハムのようにワインの
つまみにしたり、さいの目に切って
日本酒のアテにしても。

作りたい季節	保存期間		食べ方
秋〜冬 10〜2月 1 2 3 4 5 6 7 8 9 10 11 12	冷蔵 **3**カ月	冷凍 —	そのまま、サラダ、サンドイッチ、炒め物、和え物に
アルミホイル	ほうろう	保存ビン	フリーザーバッグ・ポリ袋　コンテナ

脂ののった旬の生めかじきを使って

めかじきのオイル漬け

材料（350㎖ビン・170㎖ビン各1本分）

めかじき（切り身）……2切れ（200g）
A［水70㎖、白ワイン30㎖、塩8g］
オリーブオイル……100〜150㎖
（容器により異なる）
＊ビン以外で保存する場合は、早めに
食べ切る。

MEMO

オイルとなじむまで待ってから

めかじきのほか、きはだまぐろ、びん長まぐろなどお好みのまぐろで作ればツナのオイル漬けに。ほぐし身は1週間から、切り身は1〜2カ月からやっとオイルとなじみ、味が落ちつきます。脂が少ないほど、漬かるまで時間がかかりますが、待った分だけおいしさもひとしおです。

作り方

1 ポリ袋にめかじきを入れ、合わせて
　塩を溶かした **A** を加える（ a ）。空気
　を抜きながら袋をねじって端の方の
　口をしばり、冷蔵庫に一晩おく。

2 冷蔵庫から **1** を取り出し、室温に戻
　す。

3 鍋に1.5ℓの湯を沸かして火を止め、
　2 の袋の口が鍋に入らないように入
　れて蓋を閉め、弱火で15分ほどゆで
　たら、火を止めてそのままおく。

4 **3** の粗熱がとれたら、バットにめか
　じきを出し、漬け汁を捨ててペーパ
　ータオルでアクを拭き取る（ b ）。
　350㎖ビンの大きさに合わせて切り
　（ c ）、ビンに入れる。

5 **4** で切り落としためかじきはほぐし
　て170㎖ビンに詰め、それぞれにめ
　かじきがかぶるくらいまでオリーブ
　オイルを注ぐ（ d ）。

6 冷蔵庫で２～３日ほど漬けたら食べ
　られる。オイル漬けとして最もおい
　しくなるのは１カ月以上おいてから。

作りたい季節	保存期間		食べ方
夏 **6~8**月 秋冬 **11~12**月 1 2 3 4 5 6 7 8 9 10 11 12	冷蔵 **3~4**日	冷凍 **3**週間	焼く、蒸す、ほぐして混ぜご はん、スープに

アルミホイル	ほうろう	保存ビン	フリーザーバッグ・ ポリ袋	コンテナ

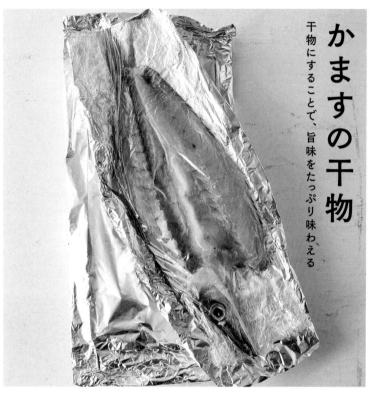

かますの干物

干物にすることで、旨味をたっぷり味わえる

材料（2枚分）

かます ……………………………… 2尾
塩水 ……………………………… 適量
（水100㎖に対して塩5ｇ）

MEMO

魚屋さんでおろしてもらっても

かますを開くのがハードルが高いという方は、魚屋でウロコと内臓を取り2枚におろしてもらったものを、塩水に浸けてから干せばOK。焼いてそのまま食べてもしっとりとしておいしいですが、ほぐしてから梅干しと一緒に混ぜごはんにしても。

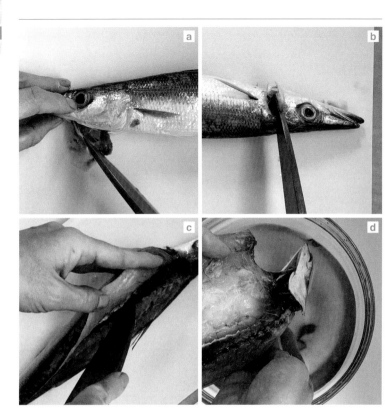

作り方

1 かますは尾から頭に向かって包丁を動かし、ウロコを取り除く。エラも取り除いたら（a）、カマの下に包丁を入れる（b）。

2 頭から尾に向かって背ビレの上側に包丁を入れ、腹の皮を切らないように気をつけながら開いていく（c）。

3 内臓をきれいに取り除き、水で血合いを洗い（d）、しっかりと汚れを取り除いてペーパータオルで水分を拭き取る。

4 バットに塩水をはり、3 を冷蔵庫で一晩浸けてから、ペーパータオルでしっかりと水分を拭き取り、ザルにのせて冷蔵庫に入れる。

5 一晩おいたら裏返し、さらに一晩おいて乾かす。1尾ずつラップ、アルミホイルの順に包み、フリーザーバッグに入れる。

作りたい季節	保存期間		食べ方
春 3〜4月 1 2 3 4 5 6 7 8 9 10 11 12	冷蔵 **2**週間	冷凍 **1**カ月	指で軽く漬け床をぬぐって魚 焼きグリルで弱火で焦げない ように焼く。
アルミホイル	ほうろう	保存ビン	フリーザーバッグ・ポリ袋	コンテナ

金目鯛の粕漬け

酒粕の旨味が魚に移り、まろやかな味わいに

材料（作りやすい分量）

金目鯛（切り身）……… 2〜3切れ
塩 ……………………………… 適量
漬け床（P.210）………… 120㎖

MEMO

漬ける期間はお好みで

塩は身の厚いところは多めに、薄いところは少なめにふります。冷蔵保存できる2週間の間、徐々に漬け床が浸透し、味の変化を楽しめます。

作り方

1 金目鯛は両面に薄く塩をふり（a）、30分ほどおいて、出てきた水分をペーパータオルで拭き取る。

2 ラップを広げ、切り身の大きさに合わせて漬け床を薄く塗り（大さじ1〜2程度）、1 をのせて上面にも漬け床を塗り、そのまま1切れずつラップで包む。

3 コンテナなどに入れて冷蔵庫に一晩おく。

金目鯛を使った保存食 ②

作りたい季節	保存期間		食べ方
春 3~4月 1 2 3 4 5 6 7 8 9 10 11 12	冷蔵 **2~3**日	冷凍 **3**週間	そのまま刺身に、炙って、しゃぶしゃぶ、蒸し物に

アルミホイル	ほうろう	保存ビン	フリーザーバッグ・ポリ袋	コンテナ

金目鯛の昆布じめ

身が締まり、弾力のある歯ごたえに

材料（作りやすい分量）

金目鯛（半身）　　　　　　1枚
塩　　　　　　　　　　　　適量
昆布（金目鯛と同じ大きさ）
　　　　　　　　　　　　　1枚

MEMO

昆布を2枚使っても

金目鯛にしっかり昆布の味を効かせたい場合は昆布2枚で挟みましょう。保存期間が2日を超える場合は、冷凍庫に移動させて。

作り方

1 金目鯛は両面に薄く塩をふり、30分ほどおいて、出てきた水分をペーパータオルで拭き取る。

2 1の腹骨を包丁ですいてから、骨抜きで血合い骨を抜く。全体に薄く塩をまぶす。

3 酒を含ませたペーパータオルで昆布の表面を拭き、皮目を下にして2をのせて金目鯛のサイズに合わせて昆布を切り落とす（a）。

4 ラップで包み、コンテナに入れて冷蔵庫に一晩おく。

食べ方

そぎ切りにしてしゃぶしゃぶに

金目鯛の昆布じめの昆布をよく洗い、鍋に水、酒適量と一緒に入れて火にかける。沸騰直前に昆布は取り出し、大きめにそぎ切りにした金目鯛とお好みの野菜（せりなど）に軽く火を通しながら食べる。お好みで柚子こしょうやポン酢をつけて。

MEMO

お刺身や蒸し焼きにも

昆布じめは、そのままそぎ切りにしてお刺身でもおいしくいただけます。また、切り身にして蒸し焼きにするなど、どんな料理にもよく合います。

鮭・サクラマスを使った保存食①

作りたい季節		保存期間		食べ方
鮭 秋 9〜11月 サクラマス 春 3〜5月 1 2 3 4 5 6 7 8 9 10 11 12		冷蔵 **3〜4**日	冷凍 **1**カ月	そのまま刺身に、押し寿司、 ちらし寿司、和え物に
アルミホイル	ほうろう	保存ビン	フリーザーバッグ・ ポリ袋	コンテナ

鮭の酢じめ

酢じめは青魚だけじゃない！ 押し寿司や前菜に

材料（作りやすい分量）

鮭またはサクラマス（刺身用）
.... 1 さく（200 g）

塩 .... 適量

米酢 .... 大さじ 4

上白糖 .... 大さじ 1

作り方

1 鮭は刺身より少し薄めのそぎ切りにし、両面に塩を強めにふって10分ほどおき、出てきた水分をペーパータオルで拭き取る。

2 ラップを広げ、半分に折ったペーパータオルをのせる。その上に1を並べ、さらに半分に折ったペーパータオルをかぶせる。混ぜ合わせた米酢と上白糖を全体にかけたら（a）、ラップで包み、コンテナに入れる。

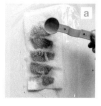

酢じめの鮭は押し寿司に

富山名物の鱒寿司は、元々さくらますで作られていたそう。鮭とはまた違った繊細な脂と香りで、上品な押し寿司ができます。鮭もますも生を使う場合は、冷凍庫に2晩おいてアニサキス対策をしてから使います（刺身用とされているものは冷凍しなくてよい）。

材料と作り方
（9×15×高さ4cmの保存容器1個分）

1 温かいごはん1合分、刻んだしょうがの甘酢漬け20g、すし酢（P.250）大さじ3を混ぜ合わせて酢飯を作る。

2 保存容器にラップを敷き、鮭の酢じめ・薄切りにしたアボカド各適量を端が少しずつ重なるように交互に敷き詰める。その上に半量の1、残りの鮭の酢じめ、残りの1を重ねる。上から水でぬらしたゴムベラなどで均等に押し、ラップをかけて30分ほどおく。

3 2を容器からラップごと逆さまに取り出し、食べやすい幅に切る。

鮭・サクラマスを使った保存食②

作りたい季節	保存期間		食べ方
鮭 秋 9〜11月 サクラマス 春 3〜5月 1 2 3 4 5 6 7 8 9 10 11 12	冷蔵 **4〜5**日	冷凍 **6**カ月	そのまま、粕床をぬぐって軽く焼いて
アルミホイル	ほうろう	保存ビン	フリーザーバッグ・ポリ袋	コンテナ

鮭の粕漬け

ほんのり香る酒の風味で魚の臭みを消す効果も

材料（145mlビン2本分 *
全量280ml）

鮭またはサクラマス（刺身用）
.... 1さく（200ｇ）

塩...........................適量

漬け床（P.210）...... 大さじ4

MEMO

炙って食べても美味

鮭は軽く炙ると生とは違う、香りと脂を楽しめます。切り身で作ることもできますが、その場合は必ず中心まで火を通してから食べてください。

作り方

1 鮭は全体に薄く塩をふって（a）30分ほどおき、出てきた水分をペーパータオルでしっかりと拭き取り、角切りにする。

2 ボウルに1と漬け床を入れて絡め（b）、すき間に空気が入らないようにビンに詰めたら蓋を閉め、冷蔵庫に2〜3日おく。

作りたい季節	保存期間		食べ方
鮭 秋 9〜11月 サクラマス 春 3〜5月 1 2 3 4 5 6 7 8 9 10 11 12	冷蔵 **1**週間	冷凍 —	そのまま、サラダ、サンドイッチ、炒め物、和え物に
アルミホイル	ほうろう	保存ビン	フリーザーバッグ・ポリ袋　コンテナ

洋風の料理で使いやすく、アレンジ広がる

鮭のオイル漬け

材料（作りやすい分量）

鮭またはサクラマス（刺身用）

.... 1さく（200 g）

A［水150㎖、白ワイン50㎖、塩12 g］

オリーブオイル 大さじ4

MEMO

ツナのように手軽に使える

塩のみで味をつけているので、ツナのような感覚でお好みのソースやハーブを合わせて楽しめます。切り身で仕込めばフライパンで両面をさっと焼くだけでメインのおかずにも。P.154のめかじきのオイル漬けと同様にオイル多めで作ると保存期間が長くなります。

作り方

1 ポリ袋に**A**を入れ、混ぜ合わせて塩を溶かし、鮭を加える。空気を抜きながら袋をねじって端の方の口をしばり冷蔵庫に一晩おく。

2 冷蔵庫から**1**を取り出し、室温に戻す。

3 鍋に1.5ℓの湯を沸かして火を止め、**2**の袋の口が鍋に入らないように入れ（**a**）、蓋を閉めてそのまま15分ほどゆでたら、火を止めてそのままおく。

4 **3**の粗熱がとれたらバットに鮭を出し、漬け汁を捨ててペーパータオルでアクを拭き取る（**b**）。

5 新しいポリ袋に**4**、オリーブオイルを入れ、空気を抜く。ポリ袋ごと水を張ったボウルに沈めると中の空気をきれいに抜くことができる（**c**）。袋の口を閉じ（**d**）、冷蔵庫で保存する。

お好みの野菜にのせてサラダにする

鮭のオイル漬けを葉野菜にのせ、手作りのタルタルソースをかければボリュームのあるサラダに。生野菜だけでなく、温野菜にもよく合います。

材料と作り方（2人分）

1 ボウルに細かく刻んだゆで卵1個分、水にさらした玉ねぎのみじん切り・マヨネーズ各大さじ1、酢少々、塩・こしょう各適量を入れて混ぜ合わせ、タルタルソースを作る。

2 器にベビーリーフやスプラウトなどのお好みの野菜適量を盛り、食べやすい厚さに切った鮭のオイル漬け1/2量をのせ、1のソースをかける。

食べ方②

細かく崩してパテ風に

袋の中で崩すだけのお手軽メニューです。写真のようにクラッカーにのせるだけでなく、このままサンドイッチのフィリングにしても楽しめます。

材料と作り方（作りやすい分量）

1 ポリ袋に鮭のオイル漬け1/2量を入れて鮭を細かく崩す。

2 1におろしにんにく少々、ちぎったディル小１枝分、レモン汁少々、塩・こしょう各適量を加え、鮭の繊維をほぐすようによく混ぜる。

作りたい季節	保存期間		食べ方
鮭 秋 **9～11月** サクラマス 春 **3～5月** 1 2 3 4 5 6 7 8 9 10 11 12	冷蔵	冷凍	スライスしてそのまま、サラダに
	—	**1** カ月	

アルミホイル	ほうろう	保存ビン	フリーザーバッグ・ポリ袋	コンテナ

鮭のルイベ

寒い北海道の知恵から生まれた保存食

材料（作りやすい分量）

鮭またはサクラマス（刺身用）
……………………… 1さく（200g）
塩 …………………………… 適量

作り方

1 鮭は全体に薄く塩をふって（a）30分ほどおき、出てきた水分をペーパータオルでしっかりと拭き取る。

2 1をラップで包み、コンテナに入れて半日以上冷凍する。

MEMO

凍った状態で使って

ルイベは凍った状態で薄くスライスしてから食べます。熱々のごはんに削りたての冷たいルイベをのせて、しょうゆを少々かけると格別のおいしさです。

a

作りたい季節	保存期間		食べ方
鮭 秋 9〜11月 サクラマス 春 3〜5月 1 2 3 4 5 6 7 8 9 10 11 12	冷蔵 **3〜4**日	冷凍 **3**週間	焼く、ゆでる、そぼろに
アルミホイル	ほうろう	保存ビン	フリーザーバッグ・ ポリ袋	コンテナ

塩鮭

鮭の定番。幅広く使えて、あると便利な保存食

材料（作りやすい分量）

生鮭またはサクラマス（切り身）
　…3〜4切れ（何切れでもOK）

塩 ……………………………………… 適量

塩水 ……………………………………… 適量
（水100mlに対して塩5g）

作り方

1 鮭は全体に薄く塩をふって30分ほどおき、出てきた水分をペーパータオルでしっかりと拭き取る。

2 コンテナに1を入れ、かぶるくらいの塩水を注ぎ（a）、冷蔵庫に一晩おく。

3 2の水分をペーパータオルでしっかりと拭き取り、1切れずつラップに包み、コンテナに入れる。

a

作りたい季節		保存期間		食べ方
		冷蔵	冷凍	
ごまさば 夏～秋 7～9月		**4～5**日	**1**ヵ月	グリルで焼いて
真さば 秋～冬 11～2月				
1 2 3 4 5 6 7 8 9 10 11 12				

アルミホイル	ほうろう	保存ビン	フリーザーバッグ・ポリ袋	コンテナ

さばのみりん干し

甘辛い味つけで、焼くだけでごはんのおかずに

材料(2枚分)

さば(3枚におろしたもの) ────── 1尾分
塩 ────────────────────── 適量
A [しょうゆ・みりん・酒各100㎖]
白炒りごま ──────────────── 適量

MEMO

冬以外でもおいしく作れる

さばは冬の脂ののった真さばが最もおいしいとされていますが、通年手に入るごまさばなどでもおいしく作れます。買うときはドリップがあまり出ていないものを選びましょう。腹骨は取らずにそのまま作ってもOK。焼くときは焦げないように気をつけます。

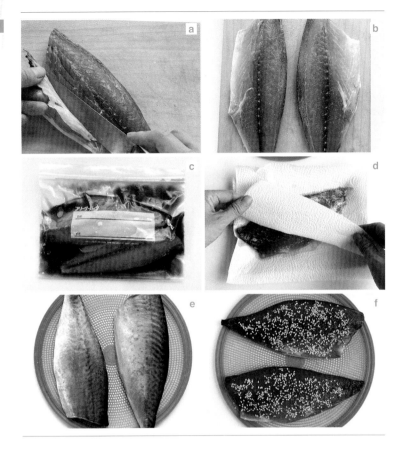

作り方

1 さばは包丁で腹骨をすき取って（a）
全体に薄く塩をふって10分ほどおき
（b）、出てきた水分をペーパータオ
ルで拭き取る。

2 フリーザーバッグに1、Aを入れ、
空気を抜いて袋の口を閉じ（c）、冷
蔵庫に一晩おく。

3 ペーパータオルで2の汁けを拭き取
り（d）、皮目を上にしてザルに並べ
（e）、冷蔵庫に一晩おいて乾かす。

4 3を裏返し、白炒りごまをかけて
（f）さらに半日おいたら、ラップ、
アルミホイルの順に包み、フリーザ
ーバッグに入れる。コンテナで保存
する場合は、アルミホイルに包まず、
ラップのままコンテナに入れる。

作りたい季節	保存期間		食べ方
秋冬 11〜2月 1 2 3 4 5 6 7 8 9 10 11 12	冷蔵 **3〜4**日	冷凍 **3**週間	そのまま、炙って、和え物、 ちらし寿司、焼きおにぎりに
アルミホイル	ほうろう	保存ビン	フリーザーバッグ・ ポリ袋	コンテナ

しめさば

柚子の風味で爽やかな味わいに

材料（作りやすい分量）

真さば（3枚におろしたもの）… 1尾分
塩 ……………………………… 大さじ2
柚子果汁 ……………………… 大さじ4
（米酢・レモン汁各大さじ2を合わ
せたものでも）

MEMO

冷凍したら水けを拭き取って

市販のものよりも甘みを抑えているので、さ
ば本来の味を楽しめるのが手作りの魅力です。
冷凍したしめさばは、解凍すると多少水が出
ることがあるので、ペーパータオルで水けを
しっかり拭き取ってから使ってください。

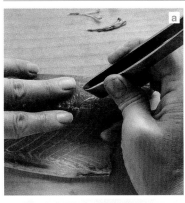

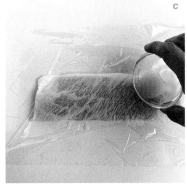

作り方

1 さばは包丁で腹骨をすき取り、血合
　いと骨を取り除く（a）。塩をまぶ
　し（身の厚いところは多めに）（b）、
　常温に1〜2時間おく（ドリップが
　多いものは2〜3時間）。

2 1の塩を水できれいに洗い、ペーパ
　ータオルで水分をしっかりと拭き取
　る。新しいペーパータオルで包み、
　広げたラップにのせ、全体に柚子果
　汁をかけ（c）、ラップで包む。コン
　テナに入れてから冷凍庫に入れ、凍
　った状態で24時間以上おく。

3 食べる前日に2を冷蔵庫に移して解
　凍し、食べるときに手で薄皮をゆっ
　くりとはがして使う（d）。

食べ方①

玉ねぎと和える

玉ねぎを薄切りにして水にさらし、
水けをきったら、薄切りにしたし
めさばと和える。お好みでしょう
ゆやレモン汁をかけていただく。

食べ方②

ごはんに混ぜて
焼きおにぎりにする

温かいごはんに刻んだしめさば、
せん切りにしたしょうがの甘酢漬
け、黒炒りごまを混ぜておにぎり
に。フライパンで両面をこんがり
と焼く。

作りたい季節	保存期間		食べ方
秋 9〜11月	冷蔵	冷凍	そのまま、ほぐして混ぜごはんやパスタ、和え物に
1 2 3 4 5 6 7 8 9 10 11 12	4〜5日	1カ月	

アルミホイル	ほうろう	保存ビン	フリーザーバッグ・ポリ袋	コンテナ

さんまのオイル煮

オイルサーディンのようにおつまみにも

材料（9×9×高さ5cmの
　コンテナ1個分）

さんま（3枚におろしたもの）
　………………………… 2尾分
塩 ……………………………… 適量
A［しょうゆ・みりん・酒各大
さじ2］
しょうが（薄切り）…… 2〜3枚
オリーブオイル
　………… 適量（100mlくらい）
ごま油 …………………… 大さじ1

作り方

1 さんまは全体に薄く塩をふって10分ほどおき、出てきた水分をペーパータオルで拭き取る。

2 フリーザーバッグに1、Aを入れ、空気を抜いて袋の口を閉じ、冷蔵庫に一晩おく。

3 ペーパータオルで2の汁けを拭き取り、さんまを端からくるくると巻き、ほうろう容器に入れる。オリーブオイルをひたひたに注ぎ、ごま油、せん切りにしたしょうがを加える。

4 3を100℃に予熱したオーブンに入れ、50分〜1時間加熱してゆっくりと煮る。粗熱がとれたら、蓋をして冷蔵庫に入れる。冷凍するときは、さらにフリーザーバッグに入れる。

食べ方

オイル煮の油で
炒めたきのこを添える

お好みのきのこを、さんまのオイル煮の油で炒める。その脇でオイル煮のさんまを温める。好みで柚子こしょうや山椒など添えてアクセントをつけても。

MEMO

骨を気にせず食べやすい

3枚おろしを使うので、中骨を気にすることなく食べられます。あじやいわしでも同様に作れます。

作りたい季節	保存期間		食べ方
	冷蔵	冷凍	
秋 9〜11月	3〜4日	1ヵ月	グリルで焼く、混ぜごはんに
1 2 3 4 5 6 7 8 9 10 11 12			

アルミホイル	ほうろう	保存ビン	フリーザーバッグ・ポリ袋	コンテナ

さんまのみりん干し

旬のさんまをごはんが進む甘辛味の保存食に

材料（8切れ分）

さんま（3枚におろしたもの）… 2尾分
塩 …………………………………… 適量
A［しょうゆ・みりん・酒各大さじ2］
白炒りごま ………………………… 適量

MEMO

さんまを塩焼き以外で楽しむ

塩焼きに飽きたときにおすすめなのがみりん干し。しょうゆとみりんの甘辛味は秋の新米に合うこと間違いなし。ラップに包んだものをさらにアルミホイルで包むことで乾燥を防ぎます。焼くときは焦げやすいので気をつけましょう。

作り方

1 さんまは全体に薄く塩をふって10分
  ほどおき、出てきた水分をペーパー
  タオルで拭き取り、半分の長さに切
  る。

2 フリーザーバッグに1、Aを入れ、
  空気を抜いて袋の口を閉じ(a)、冷
  蔵庫に一晩おく。

3 ペーパータオルで2の汁けを拭き取
  り、皮目を上にしてザルに並べ(b)、
  冷蔵庫に一晩おいて乾かす。

4 3を裏返し、白炒りごまをかけて冷
  蔵庫に半日おいたら、ラップ、アル
  ミホイルの順に包み、フリーザーバ
  ッグに入れる。コンテナで保存する
  場合は、アルミホイルに包まず、ラ
  ップのままコンテナに入れる。

作りたい季節	保存期間		食べ方
春〜夏 4〜7月 秋 9〜11月 1 2 3 4 5 6 7 8 9 10 11 12	冷蔵 **1**ヵ月	冷凍 **1**年	野菜にかける、パスタ、オムレツ、炒め物に
アルミホイル	ほうろう	保存ビン	フリーザーバッグ・ポリ袋	コンテナ

しらすのオイル煮＆じゃこの山椒オイル漬け

漬けたオイルと一緒に使えて調理がラクに

じゃこの山椒オイル漬け

材料（全量140㎖）

ちりめんじゃこ	50g
しょうゆ	大さじ1/2
みりん	大さじ1
山椒の塩漬け（P.70）	小さじ2
オリーブオイル	100㎖

作り方

1 鍋にオリーブオイル以外の材料を合わせて弱火にかけ、ちりめんじゃこに味をなじませる。

2 1をビンに詰め、オリーブオイルを注ぎ、蓋を閉める。

しらすのオイル煮

材料（全量250㎖）

しらす干し	100g
オリーブオイル	150㎖
赤唐辛子（輪切り）	少々
にんにく	1片

作り方

1 にんにくは薄切りにして他の材料と一緒に鍋に入れる。

2 弱火にかけてフツフツと5分ほど煮てからビンに移し、蓋を閉める。

キャベツをしらすのオイル煮で和えて

さっと塩ゆでしたキャベツにしらすのオイル煮を絡め、塩、こしょうで味をととのえて。ゆで野菜にしらすのオイル煮をかけて和えるだけで、大満足の副菜の一品に。

MEMO

パスタやサラダにも

しらすのオイル煮は、ゆでたパスタに絡めてペペロンチーノ風にしたり、生野菜サラダにかけてドレッシングとして、そのままパンにのせてブルスケッタ風にするなど、アレンジいろいろ。仕上げにレモン汁やこしょう少々をかけると味がしまります。

作りたい季節	保存期間		食べ方
夏 7~8月 1 2 3 4 5 6 7 8 9 10 11 12	冷蔵 **2~3**日	冷凍 **2**週間	そのまま、手まり寿司、ちらし寿司に

アルミホイル	ほうろう	保存ビン	フリーザーバッグ・ ポリ袋	コンテナ

こはだの酢じめ

足が早い青魚は、下処理をして保存が安心

材料(6枚分)

こはだ ……………………………… 6尾
塩 …………………………………… 適量
米酢 ……………………………… 大さじ2

MEMO

初心者でもおろしやすい

こはだはペティナイフがあればおろすことができる比較的手軽な魚です。身がつぶれないよう左手は添える程度で。包丁を持つ手にも力は入れず、刃を手前に引きながら開きます。左ページの b で開いたまま身を切り離すのが難しいときは、a で半身にして切り離した方がラクにできます。

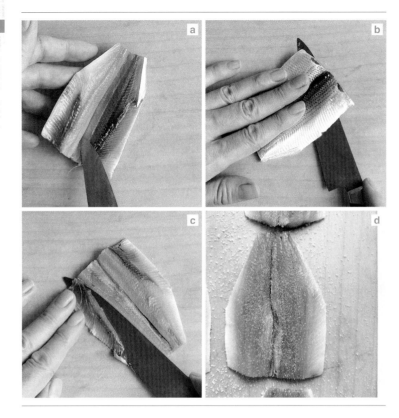

作り方

1 こはだは包丁で尾から頭に向かって包丁を動かしてウロコを取り除き、背ビレと頭を切り落とす。腹に包丁を入れて内臓を取り出し、ペーパータオルで腹の中をきれいに拭く。そのまま中骨に沿って背側の皮が切れないように開く（ a ）。

2 1を裏返して頭のほうから中骨の上に包丁を入れてそのまま尾に向かって刃をすべらせて身を切り離し（ b ）、腹骨をすき取る（ c ）。

3 2の全体に薄く塩をふって（ d ）10分ほどおき、出てきた水分をペーパータオルで拭き取る。

4 ラップを広げ、半分に折ったペーパータオルをのせ、3を3枚並べる。同様にペーパータオル、こはだ3枚、ペーパタオルと順に重ねたら、米酢を全体にかける。そのままラップで包み、コンテナに入れる。

手まり寿司に

温かいごはん1/2合にすし酢（P.250）大さ
じ1と1/2、白炒りごま少々を合わせて酢飯
を作り、一口分をラップにのせふんわりと丸
く形を整える。こはだの酢じめを半身に切り
離し、皮目に切り込みを入れてから酢飯の上
にのせ、丸く茶巾に絞る。

COLUMN
シンコのこと

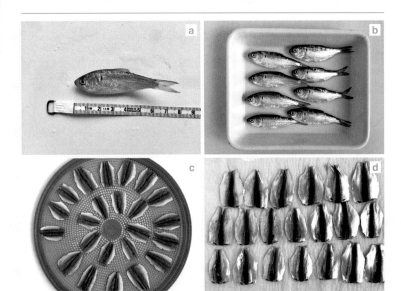

シンコは"新子"と書くように、こはだ
と呼ばれる前の幼魚の呼び名です。江
戸前のお寿司屋さんでは初夏の代名詞。
小さな酢じめを何枚も重ねて握りにし
ます。皮はやわらかくピカピカと輝い
ていて、酢飯にのっているその姿はと
てもきれいで食べるのがもったいない
くらい。日を追うごとに成長するので、
そのサイズに合わせて二枚づけ、三枚

づけなど、のせるシンコの数が変わっ
ていきます。こはだよりも身がさらに
薄いので、塩は直接かけずに塩水（3〜
5％）に10〜20秒浸して引き上げ、ザ
ルに並べて、水けをきってから、さら
にペーパータオルで水けを拭きます。
酢もすぐに浸透してしまうので、食べ
る直前にさっとくぐらせるか、柑橘の
果汁を搾る程度でも。

a サイズは8cm程度。こんなに小さいんです。
b 並べた姿がなんともかわいい。
c 塩水に浸したら、ザルに並べます。
d ラップを敷いた上にペーパータオルをのせてシンコを並
　 べて、食べる直前に酢を全体にさっとかけます。すぐに
　 食べない場合は、シンコを並べてからラップをし、冷蔵
　 庫に入れる（2日以上おく場合は冷凍を）。

鯛を使った保存食

作りたい季節	保存期間		食べ方
秋〜春 11〜3月 1 2 3 4 5 6 7 8 9 10 11 12	**冷蔵** **2〜3**日	**冷凍** **3**週間	刺身、しゃぶしゃぶ、蒸して、カルパッチョに
アルミホイル	ほうろう	保存ビン	フリーザーバッグ・ポリ袋 コンテナ

鯛の昆布じめ

昆布に挟むだけで、上品な味わいに

材料（作りやすい分量）

鯛（刺身用）⋯⋯⋯⋯⋯ 2さく
塩 ⋯⋯⋯⋯⋯⋯⋯⋯⋯⋯ 適量
昆布（昆布じめ用）
　　鯛の大きさに合わせて2枚
酒 ⋯⋯⋯⋯⋯⋯⋯⋯⋯⋯ 適量

MEMO

昆布は片面、両面お好みで

昆布の旨味をしっかりつけたいときはさくの両面に昆布をおいても。冷凍する場合は1〜2日冷蔵庫におき、魚の水分を昆布が吸ってから冷凍庫に移しましょう。ひらめでも同様に作れます。

作り方

1 鯛は全体に薄く塩をふって10分ほどおき、出てきた水分をペーパータオルで拭き取る。昆布は酒を含ませたペーパータオルで軽く拭く。

2 ラップを広げて昆布1枚をおき、鯛1さくを背側を下にしてのせ、包む。残りの鯛も同様にしてコンテナに入れ、冷蔵庫に1日おく。

1 鯛の昆布じめの昆布半量を水で洗い、水400㎖、酒大さじ1と一緒に鍋に入れて火にかける。

2 昆布じめの鯛1/2さく分はそぎ切りにし、片栗粉適量をはたく。長ねぎ10㎝は斜め薄切りにする。

3 1の沸騰直前に昆布を取り出し、2を加えて火を止める。塩・粗挽き黒こしょう各々で味をととのえ、ざく切りにした三つ葉適量を加える。

食べ方

昆布じめの昆布でとっただしのスープに

昆布の旨味が加わった昆布じめは、お刺身としてだけでなく、加熱してもおいしさを発揮してくれます。スープやしゃぶしゃぶにすれば、昆布も利用できます。

作りたい季節	保存期間		食べ方
春 3〜5月 1 2 3 4 5 6 7 8 9 10 11 12	冷蔵 **1**カ月	冷凍 **1**年	ごはんのお供、炊き込みごはん、和え物に
アルミホイル	ほうろう	保存ビン	フリーザーバッグ・ポリ袋	コンテナ

あさりの佃煮

旨味たっぷり。ごはんが進む保存食

材料（全量70㎖）

あさり ……… 500g（むき身で75g）
塩水 …………………………………… 適量
（水100㎖に対して塩2〜3g）
塩 ………………………………… 小さじ1
A［しょうゆ・みりん・酒各大さじ2、水大さじ4］

MEMO

殻をむく道具がないときは

旬のあさりは、身がふっくらと厚くなります。生の状態で殻をむき、身が縮んで硬くならないよう、火はさっと通す程度に。殻をむく道具がないときは、調味料 A と一緒に鍋に入れて火にかけ、貝の口が開いたところで身を取り出し、煮詰めた煮汁に絡めても OK。

作り方

1 バットにあさりを重ならないように
入れ、あさりの8分目まで塩水を入
れ、上に新聞紙などの光を遮るもの
をかぶせて1〜2時間おいて砂抜き
する。

2 1のあさりに薄いスパチュラなどを
差し込んで貝柱を外し（a）、殻から
身を外す。塩で身をよく揉んで（b）、
水で洗い流し、ザルに上げる。

3 鍋にA、2のあさりの身を入れて弱
めの中火にかけ、沸騰したらあさり
を取り出す（c）。煮汁を1/3量にな
るまで煮詰めたら、あさりを戻し入
れ（d）、煮汁を絡めたら、熱いうち
にビンに入れて蓋を閉める。

**旨味たっぷりの
炊き込みごはんに**

甘辛く煮たあさりは炊き込みご
はんにもよく合います。佃煮同様、
硬くならないように身は炊き上が
ったごはんに混ぜて使います。

材料と作り方（2合分）

1 白米2合はといで炊飯釜に入れ、あさり
　の佃煮の煮汁全量、塩小さじ1を加えて
　から水を2合の目盛りまで注ぐ。30分～
　1時間浸水させたら、炊く。

2 1が炊き上がったら、あさりの佃煮のあ
　さりを加えて混ぜる。

3 器に盛り、木の芽適宜を飾る。

ほたるいかを使った保存食①

作りたい季節	保存期間		食べ方
春 3〜4月 1 2 3 4 5 6 7 8 9 10 11 12	冷蔵 **1**週間	冷凍 **1**年	そのまま、炊き込みごはん、炒め物、煮物に
アルミホイル	ほうろう	保存ビン	フリーザーバッグ・ポリ袋　コンテナ

ほたるいかの沖漬け

つるっとした食感で、お酒のアテにたまらない

材料（全量180㎖）

生ほたるいか …… 100ｇ
A［酒大さじ4、しょうゆ大さじ2、みりん大さじ1］
塩水 …… 適量
（水100㎖に対して塩2〜3ｇ）

作り方

1 鍋にAを入れて中火にかけ、煮立ったら30秒〜1分煮切り、火を止めて冷ます。

2 ほたるいかは目とくちばし（a・b）、軟骨を骨抜きで取り除く。

3 2を塩水で洗って、ペーパータオルで水けを拭いてビンに詰め、1をひたひたに（大さじ3ほど）注ぐ。蓋を閉めて冷凍庫に入れ、二晩おく（48時間おくのはアニサキス対策）。

作りたい季節		保存期間		食べ方
春 3〜4月 1 2 3 4 5 6 7 8 9 10 11 12		冷蔵 **1**週間	冷凍 **6**カ月	そのまま刻んで酒の肴に、リゾット、パスタの隠し味に
アルミホイル	ほうろう	保存ビン	フリーザーバッグ・ポリ袋	コンテナ

ほたるいかの塩辛

安全にいただくためにも、冷凍はしっかりと

材料（作りやすい分量）

生ほたるいか ……………… 10杯（90ｇ）
塩水 ……………………………………… 適量
　（水100mlに対して塩2〜3ｇ）
塩 …………………………………………… 100ｇ

MEMO

新鮮なうちに保存が大切

生ほたるいかが手に入ったときは、新鮮なうちに沖漬けや塩漬けにして保存しておけば生のおいしさを保てます。沖漬けはそのまま食べる以外に、炊き込みごはんや炒め物にも◎。塩漬けは細かく刻んで冷奴や野菜に合わせれば最高の酒のアテになります。

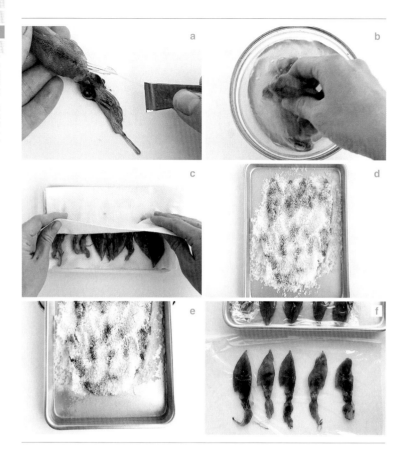

作り方

1 ほたるいかは、目、くちばし、軟骨
　を骨抜きで取り除く（a）。

2 1を塩水でさっと洗い（b）、ペー
　パータオルで水けを拭く（c）。

3 バットに塩を半量広げ、その上にほ
　たるいかを重ならないように並べ、
　上から残りの塩をかぶせる（d）。

4 高さ3cmくらいのバットなどを下に
　敷いて3のバットを斜めに傾け、冷
　蔵庫に一晩おいて水分を出す（e）。

5 塩水でさっと洗ってから水けを拭き、
　5杯ずつラップに並べて包んだら、
　バットにのせて（f）冷凍庫に入れ、
　二晩おく（48時間おくのはアニサキ
　ス対策）。

作りたい季節	保存期間		食べ方
夏 ~ 秋 7~9月 1 2 3 4 5 6 7 8 9 10 11 12	**冷蔵** ほうろう **2**週間 ビン **1**ヵ月	**冷凍** ほうろう **1**ヵ月 ビン **1**年	そのまま、パスタソース、マリネに
アルミホイル	ほうろう	保存ビン	フリーザーバッグ・ポリ袋	コンテナ

するめいかのオイル煮

にんにくの風味で後を引くおいしさ

材料（ほうろう全量450㎖ &
　　　ビン全量140㎖）
ほうろう用［するめいか1杯（250ｇ）、
にんにく（薄切り）3～4枚、塩8ｇ、オ
リーブオイル150～200㎖］
ビン用［するめいか（ゲソ、エンペラ）1杯
分（100ｇ）、にんにく（薄切り）2～3枚、
塩2ｇ、オリーブオイル大さじ4～5］

MEMO

冷凍しておき、まとめて作っても

水揚げが減ってきているするめいかは、生
で見つけたら、オイル煮にしておくと便利
です。いかは冷凍しても味が落ちにくいの
で、料理で使い切れなかったものを冷凍し
ておき、時間があるときにまとめて煮ても。
保存するときはオイルでいかが隠れるよう
にします。

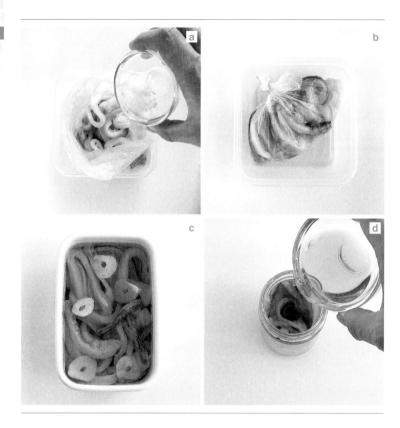

作り方

1 ほうろう用のいかは下処理（P.198参照）して胴は輪切りに、ゲソは食べやすい大きさに切ってペーパータオルで水けを拭く。ポリ袋に塩と合わせて（a）揉み込み、袋の口をしばって冷蔵庫で一～二晩おく（b）。

2 ビン用のいかは食べやすい大きさに切ってペーパータオルで水けを拭き、別のポリ袋に入れて 1 と同様にする。

3 オーブンを100℃に予熱する。ほうろう容器に 1 のいかとにんにくを入れ、いかがかぶるくらいまでオリーブオイルを注ぐ（c）。耐熱ビンの 6 ～ 7 分目まで 2 のいかとにんにくを入れ、同様にオリーブオイルを注ぐ（d）。

4 オーブンの天板に 3 を並べ、アルミホイルを上からかぶせ、いかがやわらかくなるまで 1 時間ほど加熱する。冷めたら蓋を閉める。

彩り野菜とマリネにして

するめいかのオイル煮のオイル1/2量と食べやすく切った好みの野菜（パプリカ1/4個、エリンギ1本、セロリ10㎝）をフライパンに合わせて中火にかけ、1〜2分軽く煮込みます。保存容器に移し、オイル煮の1/2量のいかと玉ねぎの薄切り少々を合わせ、レモン汁大さじ1、塩少々で味をととのえたら、冷蔵庫で1〜2時間ほど冷やしてマリネに。お好みでタイムなどの葉を散らして。

食べ方②

ゲソのオイル煮を、
野菜と一緒に煮込んで

白菜200ｇは芯を細切りに、葉をざく切りにし、
するめいかのオイル煮１本分のオイルと一緒
に鍋に入れ、炒め煮にします。白菜がやわら
かくなり、ツヤが出てきたらゲソを合わせて
器に盛り、万能ねぎの小口切り適量を散らし
て。春はキャベツ、夏はレタス、秋はきのこ
など、季節によって野菜を変えて楽しめます。

いかの下処理（共通）

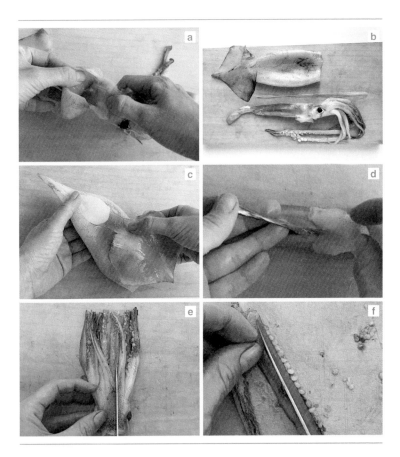

1 いかは目の上あたりから胴体に指を
　入れて肝を外し（a）、胴体を引っ張
　って取り出してから軟骨も外す（b）。
　内臓が残ってしまったときは、塩水
　（水100mℓに対して塩2〜3ｇ）で洗う。

2 エンペラと胴体の間に指を差し込ん
　で外しながら、身をはがさないよう
　に皮をむき（c）、そこからすべての
　皮をむく。

3 肝は墨袋を外し（d）、傷つけないよ
　うに目の上で切り離す。足先を約1
　cm切り落とす。

4 目と目の間に包丁を十字に入れ（e）、
　目を取り出してから足を開き、くち
　ばしを取り除く。足は食べやすい大
　きさに切り離し、吸盤は包丁で切り
　落とす（f）。

いかを使った保存食②

作りたい季節	保存期間		食べ方
	冷蔵	冷凍	
冬 1~2月	**3~4**日	**1**年	そのまま、わさび和え、軽く炙る、炒め物に
1 2 3 4 5 6 7 8 9 10 11 12			

アルミホイル	ほうろう	保存ビン	フリーザーバッグ・ポリ袋	コンテナ

いかの粕漬け

粕床に漬けるだけで味わい深く、やわらかい食感に

材料（全量170㎖）

いか（刺身用／胴体）…… 140ｇ
漬け床（P.210）… 大さじ1～2

MEMO

いかの種類はお好みで

赤いかやそでいか、紋甲いか、するめいかなどお好みで。いかそうめんを使えば、さらに手軽です。

作り方

1 いかは細切りにしてボウルに入れ、漬け床を加えて（a）混ぜ、ビンに詰めて蓋を閉める。

a

わさびのせん切りと和えて

いかの粕漬けはそのまま食べてもおいしいで
すが、漬け床ごとわさびのせん切りと和える
のもおすすめ。日本酒のアテにぴったりです。

粕とみそはカスタマイズしても

酒粕と白みその漬け床は、素材を混ぜるだけ
で素材の旨味を引き出してくれる万能調味料
です。慣れてきたら粕とみその比率を変えた
り、好きな香りの酒粕を使ったりと、自分好
みの味にカスタマイズして楽しんでみてくだ
さい。

作りたい季節	保存期間		食べ方
冬 12~2月 1 2 3 4 5 6 7 8 9 10 11 12	冷蔵 3~4日	冷凍 1年	そのまま、パスタソース、冷奴に
アルミホイル	ほうろう	保存ビン	フリーザーバッグ・ポリ袋 コンテナ

余った墨袋を使って、塩辛と同時に黒造りを作っても

するめいかの塩辛＆黒造り

黒造り（塩辛アレンジ）

材料（全量80㎖）

するめいかの塩辛（P.202の作り方3）
.... 1/2量
墨袋 1杯分
酒 大さじ2

塩辛

材料（全量160㎖ ＊85㎖ビン2本分）

するめいか（胴体のみ）
.... 大1杯分（140ｇ）
ワタ .... 大1杯分（40ｇ）
酒 .... 適量
塩 .... 適量

作り方（塩辛）

1 ワタは塩をたっぷりとまぶし、バットなどにのせてから高さ3cmくらいのバットなどを下に敷いて斜めに傾け、冷蔵庫に一晩おいて水分を出す（a）。

2 1の塩を洗い流し、裏ごしする（b）。

3 するめいかの胴体を縦3等分してから細切りにしてボウルに入れ、2を加えて混ぜ（c）、ラップをして冷蔵庫に入れる。

4 酒を1日大さじ1/2ずつ足し、その都度かき混ぜる（d）。

5 3〜4日したらビンに詰めて蓋を閉め、冷凍庫に入れて二晩おく（48時間おくのはアニサキス対策／4と5の工程は逆でもOK）。

a

b

c

作り方（黒造り）

1 ボウルに酒を入れ、その中に墨袋から墨をこそぎ出す（a）。

2 1を小さな鍋に入れ、弱火にかけてゴムベラで混ぜ（b）、半量ほどになったら火を止めて冷めるまでおく。

3 ボウルにするめいかの塩辛を入れ、2を加え入れ（c）、塩1〜2つまみ（分量外）を加えて混ぜる。

4 P.202の作り方4、5と同様に作る。

MEMO

アニサキス対策に必ず冷凍を

いかは新鮮なものを使います。真冬の肝が大きくなったものがおすすめ。肝が小さい（細い）ときはいかの身の量を加減して。また、いかによって墨の量は異なるので、塩辛の量を加減して黒い色が映えるようにしましょう。両方ともアニサキス対策に必ず冷凍してください。

たこを使った保存食 ①

作りたい季節	保存期間		食べ方
通年	**冷蔵** **1** カ月	**冷凍** **1** 年	そのまま、炊き込みごはんに
1 2 3 4 5 6 7 8 9 10 11 12			

アルミホイル	ほうろう	保存ビン	フリーザーバッグ・ ポリ袋	コンテナ

たこのやわらか煮

煮汁までしっかり楽しめる保存食

材料（全量500㎖＊
　280㎖ビン2本分）

ゆでだこ ……………………… 300g
（足小4本＋頭1/2個）
A［かつおだし汁（P.252）150
㎖、しょうゆ・きび砂糖各大さ
じ2］

MEMO

長期保存しないときは

長期保存せずにすぐに使う場合は、
ほうろうや耐熱ボウルなどで作り、
冷めたら冷蔵庫に入れて保存して。

作り方

1 たこの頭は半分に切り、耐熱ビン2本に分け
て入れる。足は切らずにそのまま、2本ずつ
すき間なく詰め、混ぜ合わせたAをひたひた
に注ぐ。

2 蒸し器に1を入れてから火をつけ、1時間〜
1時間30分、たこに竹串がすっと通るよう
になるまでじっくりと蒸す。

3 2が熱いうちに蓋を閉めて逆さまにし、その
まま冷ます。

たこと大根の煮物にする

たこのやわらか煮は、桜煮とも呼
ばれ親しまれているたこ料理の代
表格。たこの旨味がたっぷり出た
煮汁で大根を煮込むのがおすすめ
です。

材料と作り方（2人分）

1 大根6cmは半月切りにし、半分の厚さに切っ
たら、鍋で下ゆでする（電子レンジでもOK）。

2 1のゆで汁を捨て、たこのやわらか煮ビン1
本分の煮汁を加え、かぶるくらいの水を注ぎ、
大根に味が染み込むまで煮る。

3 2にたこのやわらか煮ビン1本分を加え、温
める。

作りたい季節	保存期間		食べ方
通年 1 2 3 4 5 6 7 8 9 10 11 12	冷蔵 **1**ヵ月	冷凍 **1**年	そのまま、アヒージョ、パスタソース、トマト煮に
アルミホイル	ほうろう	保存ビン	フリーザーバッグ・ポリ袋	コンテナ

たこのオイル煮

オイルをパンにつけても◎。アヒージョ風に

材料（全量400ml
　　＊145mlビン 3 本分）

ゆでだこ ……………… 300g
（足大 2 本＋頭1/2個）
にんにく ………………… 1 かけ
オリーブオイル … 大さじ 4 ～ 5

MEMO

お酒のつまみにも

軽く温めてから、オリーブなどと一緒にピックに刺すだけでおつまみになります。P.194のするめいかのオイル煮のようにほうろうで作っても。

作り方

1 たこはぶつ切りにし、3 等分にして耐熱ビンにすき間なく詰める。薄切りにしたにんにくを 3 等分にして加え、オリーブオイルをたこがかぶるくらいまで注ぐ。

2 100℃に予熱したオーブンに **1** を入れ、1 時間～ 1 時間30分、たこがやわらかくなるまで加熱する。

3 **2** が冷めたら蓋を閉める。
　＊ビン以外で保存する場合は、早めに食べ切る。

食べ方①

フルーツトマトと一緒に
トースターで焼く

フルーツトマトをプラスしてオーブントースターで焼けば、パンに合う一品に。オイルにパンを浸してワインと一緒にどうぞ。

材料と作り方（1〜2人分）

1 トマト小1個は6等分のくし形切りにし、耐熱皿に入れる。

2 1にたこのオイル煮ビン1本分をオイルごと加え、オーブントースターでトマトが少しやわらかくなるまで焼く（焼いている間に油がはねるようならアルミホイルをかぶせる）。

3 2に万能ねぎ（小口切り）適量を散らす。

食べ方②

じゃがいもや豆と煮込んで

ガラムマサラをプラスしてちょっとエスニックな煮込み料理に。やわらかく煮込んでじゃがいもと豆をつぶし、コロッケにしてもおいしいです。

1 じゃがいも1個は1cm角に切り、鍋に入れる。

2 1にミックスビーンズ100g、たこのオイル煮ビン1本分をオイルごと加えて弱火にかけ、蓋をして豆に味が染みるまで5〜10分煮る。塩少々で味をととのえ、ガラムマサラ小さじ1を加えて香りをつける。

たこを使った保存食 ③

作りたい季節	保存期間		食べ方
通年 1 2 3 4 5 6 7 8 9 10 11 12	冷蔵 **1**カ月	冷凍 —	そのまま、酢の物、マリネに
アルミホイル	ほうろう	保存ビン	フリーザーバッグ・ポリ袋 コンテナ

たこの酢漬け

さっぱりとした酢漬けで箸休めの一品に

材料（全量300ml）

ゆでだこ …… 220g（足大2本）
A［米酢大さじ4、水・砂糖各
大さじ1、塩少々］

作り方

1 たこは包丁をギザギザに動かしながら薄切り
　にし（a）、ビンにすき間なく詰める。

2 鍋に A を入れて中火にかけ、砂糖を溶かし、
　30秒ほど煮立たせたら、1 にひたひたにな
　るまで注ぐ。冷め
　たら蓋を閉める。
　＊ビン以外で保存
　する場合は、早め
　に食べ切る。

作りたい季節	保存期間		食べ方
春～夏 4~7月 1 2 3 4 5 6 7 8 9 10 11 12	冷蔵 **4～5**日	冷凍 **1**カ月	そのまま、焼く、スライスしてわさび和えに

アルミホイル	ほうろう	保存ビン	フリーザーバッグ・ポリ袋	コンテナ

ホタテの粕漬け

粕床に漬けることで、まろやかな味わいに

材料（作りやすい分量）

ホタテ貝柱（刺身用）····· 200ｇ（6個）
塩水·····································適量
（水100㎖に対して塩2～3ｇ）
塩···適量
漬け床···························大さじ1～2

漬け床の材料と作り方（全量200㎖）

酒粕（ペースト状のもの）60㎖は常温におき、クリーム状になるまで練る。白みそ120㎖を2～3回に分けて加えて混ぜ、さらに酒大さじ1～2を加えてのばす。＊ペースト状になっていない酒粕を使う場合は、酒少々を加えて電子レンジなどで温め、ペーストにする。

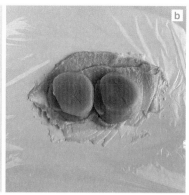
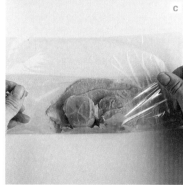

作り方

1 ホタテは塩水でさっと洗い、バット などに重ならないように並べて全体 に薄く塩をふり（a）、30分ほどおい て、出てきた水分をペーパータオル で拭き取る。

2 ラップを広げ、ホタテ2個分の大き さに合わせて漬け床を薄く塗り、1 をのせて（b）上面にも漬け床を塗 り、そのままラップで包む（c）。 残りも同様にする。

3 コンテナに入れて（d）、冷蔵庫に一 晩おく。

MEMO

そのままつまみに、さっと炙っても

ホタテの粕漬けは食べやすい大きさに切り、そのままお つまみとして。表面の漬け床を軽くぬぐい、切り込みを 入れて魚焼きグリルで弱火で焦げないように焼くと、酒 粕の香りが引きたち旨味を感じやすくなります。4〜5 日以上保存するときは、冷凍庫へ移します。

作りたい季節	保存期間		食べ方
	冷蔵	冷凍	
春〜夏 4〜7月 1 2 3 4 5 6 7 8 9 10 11 12	**1**週間	**1**カ月	そのまま、サラダ、カルパッチョに
アルミホイル	ほうろう	保存ビン	フリーザーバッグ・ポリ袋	コンテナ

ホタテのオイル漬け

冷たいまま食べても美味。もちろん温めても

材料（作りやすい分量）

ホタテ貝柱（刺身用）⋯200g（6個）
塩水⋯⋯⋯⋯⋯⋯⋯⋯⋯適量
　（水100mℓに対して塩2〜3g）
塩⋯⋯⋯⋯⋯⋯⋯⋯⋯⋯適量
オリーブオイル
　⋯⋯⋯⋯大さじ1/2+50〜80mℓ

MEMO

**ホタテは
空気に触れないように**

ホタテをオイル漬けにするときは、ホタテが空気に触れないようにオリーブオイルを入れて。

作り方

1 ホタテは下処理をし（P.211の作り方1参照）、味つけ用に強めに塩をふる。オリーブオイル大さじ1/2をひいたフライパンで両面をこんがりと焼いて取り出す。

2 冷めたらフリーザーバッグに入れ、オリーブオイル50〜80mℓを入れて空気が入らないように袋の口を閉じる。フリーザーバッグごと水を張ったボウルに沈めると中の空気がきれいに抜ける（a）。

ホタテを使った保存食 ③

作りたい季節	保存期間		食べ方
	冷蔵	冷凍	
春〜夏 4〜7月 1 2 3 4 5 6 7 8 9 10 11 12	1カ月	1年	そのまま、ごはんのお供、バター焼き、炒め物に

アルミホイル	ほうろう	保存ビン	フリーザーバッグ・ポリ袋	コンテナ

ホタテの佃煮

噛むほどに旨味が染み出て、お箸が止まらない

材料（全量300㎖）

ベビーホタテ（ボイル）‥ 200 g
しょうが（薄切り）‥‥‥‥ 5枚
A［しょうゆ・みりん・酒各大さじ 2、水100㎖］

MEMO

そのままでも、炒め物にも

ベビーホタテはホタテの稚貝。小さなサイズが佃煮にぴったりです。バターで炒めて野菜を合わせれば、おかずにもなります。

作り方

1 鍋にAとベビーホタテを入れて弱めの中火にかけ、沸騰して 2〜3 分したらホタテを取り出す。

2 煮汁にせん切りにしたしょうがを入れて煮汁が1/3程度になるまで煮詰め、ホタテを戻し入れて絡める。

3 熱いうちにビンに詰めて蓋を閉め、逆さまにして冷めるまでおく。

すじこを使った保存食

作りたい季節	保存期間		食べ方
秋 9~12月	冷蔵	冷凍	丼、和え物、ちらし寿司、手
1 2 3 4 5 6 7 8 9 10 11 12	4~5日	1年	巻き寿司に
アルミホイル	ほうろう	保存ビン	フリーザーバッグ・ポリ袋	コンテナ

いくらのしょうゆ漬け

自家製ならたっぷり作れて、豪快に使えてうれしい

材料（全量570mℓ＊145mℓビン5本分）
すじこ ……………………… 1腹（400g）
A［しょうゆ・酒・だし汁各大さじ3］
塩 ………… 適量（湯1ℓに対し30g）

MEMO

10~11月に作っておきたい

秋鮭と同時期に並び始めるすじこ。出始めは
一粒一粒が小さく皮がやわらかで、冬の寒さ
が増して来る頃には大きく皮が厚くなってき
ます。12月まで手に入りますが、年末が近づ
くにつれ高騰するので、価格が安定している
10~11月に仕込むのが◎。

作り方

1 小鍋に **A** を入れて合わせ、中火にか
　けて煮切り、冷ましておく。

2 60〜70℃に温めた2〜3ℓの湯に塩
　を加えたものを準備する。

3 ボウルに **2** を入れ、すじこを浸けて
　手で縦半分に割るように開き（**a**）、
　膜の端を持ち、もう片方の手でしご
　くようにしてやさしく卵を外す（**b**）。

4 **3** に浮いている薄皮や膜などの上澄
　みを捨て（**c**）、ザルにあげ（**d**）、こ
　の作業を繰り返し、膜や筋を取り除
　く。

5 **4** をザルに上げて水けをきったら（**e**）、
　ビンに移し、**1** をいくらがかぶるく
　らいまで注ぐ（**f**）。
　＊ビン以外で冷凍保存する場合は、
　早めに食べ切る。

はらこ飯

新鮮なすじこでいくらを仕込んだ
ら、鮭と合わせてはらこ飯に。鮭
を煮た汁で炊いたごはんの上に鮭
と一緒に盛れば、ちょっと贅沢な
秋の味覚の完成です。

材料と作り方（2人分）

1 鍋にしょうゆ・みりん各大さじ1、水300mℓを
　入れて中火にかけ、沸騰したら弱火にして塩鮭
　（切り身）1切れを加え、火が通るまで5分ほ
　ど煮る。

2 白米2合をとぎ、米と1の煮汁を炊飯釜に入
　れてから水を2合の目盛りまで注ぎ、炊く。

3 2にほぐした1の鮭といくらのしょうゆ漬け
　適量をのせる。

あんこうの肝を使った保存食

作りたい季節	保存期間		食べ方
冬 12~2月 1 2 3 4 5 6 7 8 9 10 11 12	冷蔵 **4~5**日	冷凍 **1**カ月	そのまま、炙る、汁物、炒め物に
アルミホイル	ほうろう	保存ビン	フリーザーバッグ・ポリ袋　コンテナ

あん肝好きにはたまらない！保存食にして常備を

あん肝＆しょうゆ麹蒸し

しょうゆ麹蒸し

材料（全量200㎖＊80㎖ビン3本分）

あんこうの肝	200g
塩水	適量
（水100㎖に対して塩2~3g）	
塩	小さじ1/2弱
しょうゆ麹	大さじ2

あん肝

材料（作りやすい分量）

あんこうの肝	300g
塩水	適量
（水100㎖に対して塩2~3g）	
塩	小さじ1/2程度

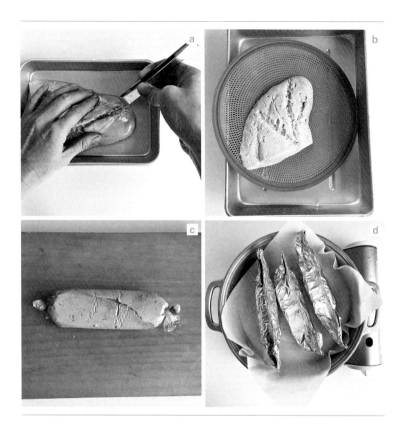

作り方（あん肝）

1 肝は、血管と表面の薄い膜を骨抜きなどで取り除き（a）、塩水につけて血抜きする。アニサキスがいたら取り除く。

2 水けをきってバットを敷いたザルにのせ、全体に塩をふって30分ほどおき（b）、出てきた水分をペーパータオルで拭き取る。

3 適当な大きさに切り、4cmの筒状にラップで包み、針で数カ所穴をあけて、中の空気を抜きながら両端を輪ゴムで止める（c）。

4 3をアルミホイルで包み、蒸気の上がった蒸し器にオーブンペーパーを敷いてのせ、15分ほど蒸す（d）。火を止め、蓋をして10分ほどおく。粗熱がとれたらコンテナなどに入れる。

食べ方

輪切りにしてフライパンで両面をさっと焼く。万能ねぎを散らし、ポン酢しょうゆをかけて。

218

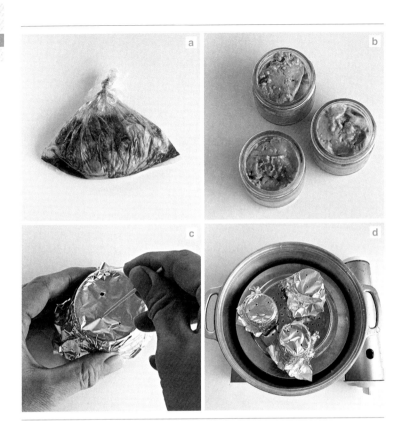

作り方（しょうゆ麹蒸し）

1 P.218の作り方2まで同様にしたら、肝をポリ袋に入れ、しょうゆ麹と合わせて（a）冷蔵庫に一晩おく。

2 1の汁けをペーパータオルで拭き取り、適当な大きさに切って3等分し、耐熱ビンに詰める（b）。

3 上からアルミホイルをかぶせ、竹串で数カ所穴をあける（c）。

4 3を蒸気の上がった蒸し器に入れて15分ほど蒸す（d）。火を止め、蓋をして10分ほどおく。粗熱がとれたらアルミホイルを外し、蓋を閉める。

MEMO

中心は70℃以上に

あん肝もアニサキスが心配な食材の1つです。必ず中心の温度が70℃以上になるように加熱しましょう。

作りたい季節	保存期間		食べ方
秋 10〜11月 1 2 3 4 5 6 7 8 9 10 11 12	冷蔵 **4〜5**日	冷凍 **3**カ月	そのまま、炙る、おにぎり、 お茶漬けに
アルミホイル	ほうろう	保存ビン	フリーザーバッグ・ ポリ袋	コンテナ

生たらこの昆布じめ

昆布の風味が広がって、ごはんによく合う

材料（5腹分）

すけそうだらの卵 ⋯⋯⋯⋯⋯ 500g
塩 ⋯⋯⋯⋯⋯⋯⋯⋯ 400〜500g
塩水 ⋯⋯⋯⋯⋯⋯⋯⋯⋯⋯ 適量
（水100mℓに対して塩2〜3g）
昆布（昆布じめ用）⋯⋯⋯ 7×10cm 5枚
A［酒・水各50mℓ］

MEMO

血管が少ないものを選んで

市販のものに比べて色は鮮やかではありませんが、保存料や着色料を使わないで作れるのも手作りならでは。新鮮なすけそうだらの卵が手に入ったときに、ぜひ作っていただきたい保存食です。血管が少ないものを選ぶと下処理に手間がかからず、仕上がりもきれいになります。

作り方

1 すけそうだらの卵は袋を破らないよう、気をつけながら血管にたまっている血を取り除く。塩水に浸けながら針で血管に穴をあけて針の腹で押し出す（a）。

2 ほうろう容器に塩、1、塩、1、塩の順に入れて（b）冷蔵庫に1〜2日おく。

3 水けがしっかりと抜けて硬くなったら、塩水にさらに一晩浸けて塩を抜く（c）。

4 昆布じめ用の昆布を合わせたAにつけて戻し、すけそうだらの卵1腹

分を包めるように切り分ける。

5 3が中のほうまで塩が抜けてふっくらとしたらペーパータオルで水けを拭き取り、1腹ずつ昆布で巻いてから（d）ラップに包み、コンテナに入れて冷凍庫で二晩以上凍らせる。

ARRANGE

たらこのごま油漬け

たらこ大さじ2をほぐしてビンに詰め、植物油大さじ1とごま油少々を合わせたものを加え、混ぜる。冷蔵1カ月、冷凍6カ月保存可。

ボラの卵を使った保存食

作りたい季節	保存期間		食べ方
秋 10~11月 1 2 3 4 5 6 7 8 9 10 11 12	冷蔵 2週間	冷凍 1年	そのまま、炙る、パスタに

アルミホイル	ほうろう	保存ビン	フリーザーバッグ・ ポリ袋	コンテナ

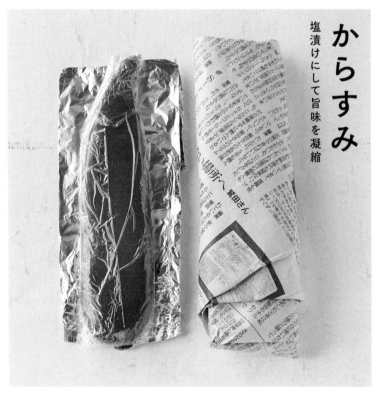

からすみ

塩漬けにして旨味を凝縮

材料（作りやすい分量）

ボラの卵 ……………………………… 400 g
塩水 ………………………………………… 適量
　（水100mℓに対して塩2~3 g ）
塩 …………………………………… 200~250 g
焼酎 ………………………………………… 適量

MEMO

干す日数は硬さを確認しながら

できるだけ血管が少なくハリがあって新鮮なものを選びます。大きさは価格によりまちまちなので、干す日数は指で押して硬さを確認しながら調整を。干すときは必ず風通しのよい日陰で、気温が高い日は避けましょう。夜はラップに包んで必ず冷蔵庫へ入れて。高価な食材なので乾燥対策は厳重に。

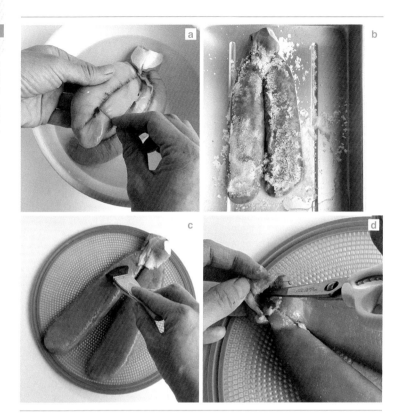

作り方

1 ボラの卵は袋を破らないよう、気を
　つけながら血管にたまっている血を
　取り除く。塩水に浸けながら針で血
　管に穴をあけて針の腹で押し出す
　（a）。

2 塩を全体にまぶしてバットにおき、
　高さ3cmくらいのバットなどを下に
　敷いて斜めに傾け、冷蔵庫に一晩お
　いて水分を出す（b）。

3 2を塩水で塩を洗い流し、ペーパー
　タオルでしっかりと水分を拭いたら
　ザルにのせ、刷毛で焼酎を塗って
　（c）風通しのよい日陰に干す。

4 夕方に取り込み、ラップに包んで冷
　蔵保存し、次の日も同様の作業をし
　て、好みの硬さになるまで繰り返す。
　次第に外側から硬くなり、表面にツ
　ヤが出てくる。1週間ほどでソフト
　タイプのからすみになる。

5 ソフトタイプにするときは4日ほど
　したら先端の身をはさみで切り落と
　す（d）。しっかり干したいときはそ
　のままさらに1～2週間続ける。

6 できあがったからすみはラップ、ア
　ルミホイル、新聞紙の順に包み、フ
　リーザーバッグやコンテナに入れて
　冷凍庫で保存する。

食材保存テク（豆・その他）

豆類は下処理に手間がかかるので、まとめてゆでて、冷凍保存が
おすすめ。その他にも冷凍&冷蔵保存が便利な食材を紹介します。

おすすめ冷凍食材

豆腐やこんにゃく、もずく・めかぶも冷凍保存できます。
冷凍して食感が変わるものは、違った食感を楽しんでみて。

豆腐

一口大に切った豆腐をバット
に並べて冷凍し、凍ったらフ
リーザーバッグに入れる。使
うときは解凍して水分を絞る。

冷凍 **1**ヵ月

こんにゃく

さっと湯通しし、細切りにし
てからフリーザーバッグに平
らに入れる。使うときは解凍
して水分を絞る。

冷凍 **1**ヵ月

食感が変わるものも
おいしく冷凍

冷凍すると食感が変わって
しまうものも使い方次第で
おいしくなります。豆腐は
やわらかくしっとりした高
野豆腐のような食感になる
ので、煮物や炒め物をした
ときに味が染み込みやすく
なります。こんにゃくは歯
応えが出るので煮物などの
アクセントや、甘辛味に炒
めて酒のつまみなどに。

もずく・めかぶ

購入したパックごと、大袋の
場合は小分けに保存袋に分け
てからフリーザーバッグに入
れてそのまま冷凍。

冷凍 **1**ヵ月

ゆで大豆
大豆のみ／ゆで汁入り

ゆでた大豆をビンに詰める。
スープなどに使う場合はゆで
汁も一緒に詰め、粗熱がとれ
たら蓋を閉める。

冷凍 **2**ヵ月

ゆでもち麦

もち麦は塩少々を加えた湯で
やわらかくなるまでゆで、ザ
ルにあげる。粗熱がとれたら
ビンに詰めて蓋を閉める。他
の雑穀でも同様に作れる。

冷凍 **2**ヵ月

簡単な仕込みをしてストックしておけば、使いたいときに手軽に
使える保存食。ごはんのお供やトッピングなどで活躍してくれます。

納豆しょうゆ麹

冷蔵　**10**日間

麹の旨味をプラスして！

材料と作り方（全量300㎖）

納豆3パック（120ｇ）にしょうゆ麹大さじ3、みりん大
さじ2、白炒りごま小さじ1/2、刻み昆布1〜2つまみ
を合わせてビンに詰め、冷蔵庫で1〜2日おく。

こんな食べ方 ─────

■ 炊きたてごはんにのせて　■ 冷奴やうどんにかけて
■ ゆでた青菜と和えて

切り干し大根しょうゆ漬け

冷蔵　**2**ヵ月

切り干し大根の栄養をまるごといただく

材料と作り方（全量300㎖）

切り干し大根（乾燥）40ｇを食べやすい大きさにキッチ
ンばさみで切り、ビンに入れる。しょうゆ・煮切りみり
ん・酢各大さじ2を合わせて加え、大根に味が染み込む
まで、ときどき混ぜながら冷蔵庫で保存する。花椒を混
ぜるのもおすすめ。

こんな食べ方 ─────

■ そのまま漬け物として　■ ごま油で青菜と炒めて

ひじきマリネ

冷蔵　**1**ヵ月

お弁当のすき間に詰めたりと使い方いろいろ

材料と作り方（全量300㎖）

芽めじき20ｇはぬるま湯で戻し、沸騰した湯で1分ほ
どゆでて水けをきってビンに入れる。合わせ酢（米酢大
さじ1・きび砂糖大さじ1・塩2つまみ）を加えて冷蔵
庫で保存する。冷凍の場合は、味つけせずにフリーザー
バッグに平らに入れて冷凍すれば2カ月保存できる。

こんな食べ方 ─────

■ サラダのトッピングに　■ 春雨と和えて中華風の
　　　　　　　　　　　　　和え物に

トマトソース

使い方いろいろ！ 常備に便利なソース

材料と作り方（全量500㎖）

ミキサーにトマト水煮１缶、ざく切りにした玉ねぎ1/2個、にんにく２片、オリーブオイル大さじ３、塩小さじ２を入れてなめらかになるまで攪拌し、鍋に入れる。赤唐辛子１本、ローリエ２枚を加えて中火にかけ、沸騰したら蓋をして弱火で10分ほど煮込む。熱いうちにビンに詰めて蓋を閉め、逆さまにして冷めるまでおく。

こんな食べ方 ―――――――――

- パスタソースに
- 煮込み料理に
- 具を入れてスープに

かつお節ふりかけ

ごはんのお供に！ 粉山椒がきいて美味

材料と作り方（全量120㎖）

かつお節15ｇ、白炒りごま大さじ１を弱火で熱したフライパンで炒り、火を止めて、みりん大さじ１、しょうゆ大さじ1/2、ごま油小さじ１、粉山椒少々を加え、しっとりするまで混ぜる。粗熱がとれたらビンに詰め、蓋を閉める。

こんな食べ方 ―――――――――

- 炊きたてのごはんにのせて
- きんぴらごぼうの仕上げに加えて混ぜて

MEMO

自家製ビン詰めは、常温保存より冷蔵・冷凍保存で

市販のジャムやピクルスなどのビン詰は、常温で長期保存できますが、自家製の場合はどうでしょうか。梅干しや酢を使ったもの、熱々の保存食をビンに詰めたものなどは常温保存もOKです。ただし、本書では簡易的な脱気しかしていないので、特に気温の高い時期は、変色や味の劣化などが見られることも。長期保存でおいしく食べるなら、冷蔵・冷凍保存がおすすめです。

PART

4

肉 の保存食&食べ方テク

買ってきた肉をそのまま冷凍で保存すると、
解凍したときにドリップと一緒においしさが
出ていってしまいます。保存食にしておけば、
おいしい状態をそのまま保つことができます。

作りたい季節	保存期間		食べ方
通年 1 2 3 4 5 6 7 8 9 10 11 12	冷蔵 **3〜4**日	冷凍 —	切ってそのまま、和え物、スープ、サラダに

アルミホイル	ほうろう	保存ビン	フリーザーバッグ・ポリ袋	コンテナ

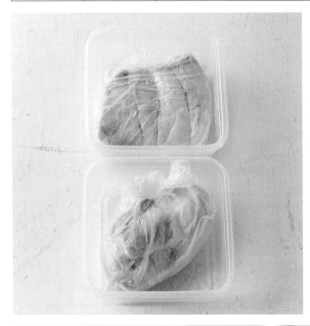

サラダチキン

コンビニの定番サラダチキンも自家製で

鶏むね肉のサラダチキン

材料（作りやすい分量）

鶏むね肉 ………………… 250 g
塩 …………… 8 g（小さじ 2 弱）

作り方

1 鶏むね肉は余分な脂を除いてから塩をまぶす。ポリ袋に入れて空気を抜きながら袋をねじって端の方の口をしばり、冷蔵庫に一晩おく（a）。

2 1を室温に戻してから鍋に1.5ℓの湯を沸かし、沸騰したら火を止めてポリ袋の口が湯に浸からないように鍋に入れる（b）。

3 蓋をしてそのまま粗熱がとれるまでおく。

鶏ささみのサラダチキン

材料（作りやすい分量）

鶏ささみ ·················· 4本（250 g）
塩 ····························· 8 g（小さじ 2 弱）

作り方

1 鶏ささみは塩をまぶし、鶏むね肉
　の 1 〜 3 同様に作る。

MEMO

加熱したときの目安は

一番厚みのある部分を指で押し、弾力が
出ていれば中まで火が通った合図。1 枚
が300 g 以上あるときはお湯を2ℓにし
ます。ささみを使う場合は肉同士が重な
らないようにして15分ほど鍋に入れ、
そのまま粗熱がとれるまでおきましょう。
ゆで汁に旨味が逃げないので、鶏肉をよ
りおいしく食べられる調理法です。

さまざまなマリネと一緒に
高タンパクな
ヘルシーサラダに

サラダチキンは食べやすい大きさ
に切り、冷凍ゆで雑穀、ホワイト
アスパラのピクルス、にんじんの
マリネ、ひじきのマリネなどと一
緒にグリーンサラダにのせる。

作りたい季節	保存期間		食べ方
通年 1 2 3 4 5 6 7 8 9 10 11 12	冷蔵 **3**カ月	冷凍 —	そのまま焼く、温める、オイルで野菜を煮込むなど
アルミホイル	ほうろう	保存ビン	フリーザーバッグ・ポリ袋	コンテナ

砂肝と骨つき肉のコンフィ

オイルで煮込めば保存性とおいしさアップ

砂肝のコンフィ

材料（作りやすい分量）

砂肝 ⋯⋯⋯⋯⋯⋯⋯⋯⋯ 200 g
塩 ⋯⋯⋯⋯⋯⋯⋯⋯⋯⋯⋯ 3 g
オリーブオイル ⋯ 200〜250㎖

作り方

1 砂肝は半分に切り分けたら（e）、左ページの2・3と同様に作る。肉同士が重ならないよう鍋に入れ、弱火で15分ゆでる。鍋から出さずにそのまま粗熱がとれるまでおく。

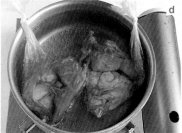
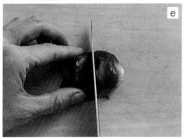

骨つき鶏もも肉のコンフィ

材料（作りやすい分量）

骨つき鶏もも肉 ………… 小2本
（500g）
塩 ……………………………… 8g
オリーブオイル … 200〜250mℓ

MEMO

袋の扱いに注意して

骨つき鶏もも肉で作るときは、骨
で袋を破らないよう気をつけまし
ょう。

作り方

1 鶏肉は関節の軟骨の部分に包丁を入れて（a）
半分に切り、骨に沿って切り込みを入れて開く。

2 1に塩をまぶし、ポリ袋に入れて空気を抜き、
袋の口をしばり、冷蔵庫に一晩おく（b）。

3 2の水けをペーパータオルで拭き取り、新し
いポリ袋に1本分ずつ入れ、オリーブオイル
を注ぎ、水を張ったボウルに入れて袋の空気
を抜き、袋の端の方の口をしばる（c）。

4 鍋に3を袋ごと入れてごく弱火で20分ゆで（d）、
肉に火が通ったら火を止め、鍋から出さずに
そのまま粗熱がとれるまでおく。

作りたい季節	保存期間		食べ方
通年 1 2 3 4 5 6 7 8 9 10 11 12	冷蔵 **3〜4**日	冷凍 **3**カ月	豚バラ肉／ベーコンのように 豚肩ロース肉／煮込み料理に
アルミホイル	ほうろう	保存ビン	フリーザーバッグ・ポリ袋	コンテナ

豚肉の塩漬け

肉の腐敗を防ぎ、旨味をアップさせる保存法

豚バラ肉の塩漬け

材料（作りやすい分量）

豚バラ肉 …………………… 400g
塩 ………………………………… 20g

MEMO

熟成肉にしても

豚バラ肉は、熟成させたい場合はそのまま1週間ほど冷蔵庫に。肉のまわりが黄色っぽくなってきたらその部分を切り落として中の赤い部分を食べます。

作り方

1 豚バラ肉は半分の長さに切って塩をまぶし、二重にしたペーパータオルで包んでラップできっちりと巻く（a）。

2 冷蔵庫に二晩おいたら、ペーパータオルを替える。

3 4〜5日して水分が出きったら、さらにペーパータオルを替え、すぐに食べない場合はラップごとコンテナに入れて冷凍庫に保存する。

豚肩ロース肉の塩漬け

材料（作りやすい分量）

豚肩ロース肉 ⋯⋯⋯⋯⋯⋯ 300 g
塩 ⋯⋯⋯⋯⋯⋯⋯⋯⋯⋯⋯ 6 g

作り方

1 豚肩ロース肉は竹串でまんべんなく刺してから（b）塩をまぶし、二重にしたペーパータオルで包んでラップできっちりと巻く。
2 冷蔵庫に一晩おいて、水分が出ていたらペーパータオルを替える。2日目からが食べごろ。

食べ方

ザワークラウトと一緒に弱火で煮込んで

鍋にP.28のザワークラウト1/2量、薄切りにした豚バラ肉の塩漬け100 g、1cm厚さに切った豚肩ロース肉の塩漬け200 gを交互に重ね、白ワイン100mlを合わせ、蓋をして弱火で30分ほど煮込む。

肉を使った保存食 ④

作りたい季節	保存期間		食べ方
通年	冷蔵	冷凍	グリルで焼く、切って炒める、袋ごとゆでるなど
1 2 3 4 5 6 7 8 9 10 11 12	**2**週間	**1**カ月	

アルミホイル	ほうろう	保存ビン	フリーザーバッグ・ポリ袋	コンテナ

鶏肉のはちみつみそ漬け

パサつきを抑えて、しっとりおいしい

材料（作りやすい分量）

鶏もも肉 ……… 1枚（250ｇ）
A［みそ大さじ２、はちみつ大さじ１］

作り方

1 鶏もも肉は余分な脂を取り除き、厚みが均一になるように包丁を入れる（a）。
2 ボウルにAを合わせ、1を入れて絡める（b）。
3 2をポリ袋に入れ、空気を抜いて袋の口をしばり、冷蔵庫に入れる。

食べ方

魚焼きグリルで焼いて
ホットサンドに

鶏肉のはちみつみそ漬けは、みそをぬぐわずに魚焼きグリル（ホイルを敷くと網が汚れない）やフライパンで焦げないように気をつけながら焼き、リーフレタス、トマトなどと一緒にマスタードを塗ったトーストで挟む。

MEMO

お好みの漬け加減で

鶏もも肉100ｇに対してはちみつみそ大さじ1が目安。火を通せばみそだれとしても使えます。漬けたその日から食べられますが、おすすめの食べごろは4〜7日目。1日たつごとに味が中まで染みていき、肉がしっとりとやわらかくなっていきます。

作りたい季節	保存期間		食べ方
通年 1 2 3 4 5 6 7 8 9 10 11 12	冷蔵 **1**ヵ月	冷凍 **2**ヵ月	焼く、蒸す、切って野菜と炒めるなど
アルミホイル	ほうろう	保存ビン	フリーザーバッグ・ ポリ袋	コンテナ

豚肉と牛肉の粕漬け

少し厚みのある肉もしっとりやわらか

材料（作りやすい分量）

豚肩ロース肉（しょうが焼き用）
.... 6枚（300g）
牛もも肉（ステーキ用／お好みの部位
でもOK）............ 2枚（200g）
塩 .... 適量
A［酒粕150g、みそ50g、みりん大
さじ1］（みその塩分によってみりん
の量は調整して）

MEMO

赤みそベースがよく合う

魚に比べ、鉄分が多い牛肉や豚肉は白みそよりも香りの強い赤みそベースの粕漬けに。焦げないように気をつけながらこんがりと焼けば、酒粕とみその香ばしい香りが楽しめます。牛肉の粕漬けは、まわりをさっと焼いて薄切りにすれば和風のローストビーフに。豚肉だけ、牛肉だけなど、お好みの肉で作ってください。

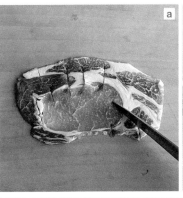
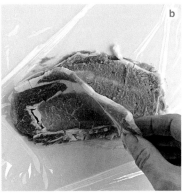

作り方

1 漬け床を作る。**A**の酒粕をクリーム
状になるまで練ってからみそを加え
て合わせ、さらにみりんを加えてゴ
ムベラで混ぜながら、肉に塗れるく
らいの硬さになるよう調整する。

2 牛肉の粕漬けを作る。牛肉は包丁で
数カ所刺し、塩を全体に薄くふる。

3 2を10分ほどおいて、出てきた水分
をペーパータオルで拭き取る。ラッ
プを広げ、肉の大きさに合わせて漬
け床を塗り、肉をのせる。肉の上に
も漬け床を塗る。

4 3をラップで包み、コンテナに入れ
て冷蔵庫で一晩以上おいたら、指で
漬け床を軽くぬぐって使う。

5 豚肉の粕漬けを作る。豚肉は脂と肉
の境目に包丁を入れ（a）、塩を全体
に薄くふる。

6 3同様に作り、上にもう一枚同じよ
うに肉をのせ（b）、漬け床を塗り、
4同様にする。

＊一度にたくさん漬ける場合は、フ
リーザーバッグやポリ袋を使っても。

食べ方

そのまま焼いて豚丼風に

フライパンに薄く油をひき、豚肉
の粕漬けとしし唐辛子を両面焼き、
食べやすく切ってから温かいごは
んにのせる。

肉を使った保存食 ⑥

作りたい季節	保存期間		食べ方
通年 1 2 3 4 5 6 7 8 9 10 11 12	冷蔵 **3** ヵ月	冷凍 **1** 年	ごはんのお供、野菜炒め、麺にのせる、麻婆豆腐に
アルミホイル	ほうろう	保存ビン	フリーザーバッグ・ポリ袋 　コンテナ

肉みそ

しっかり味で、これさえあればごはんが進む

材料（全量500㎖＊280㎖ビン2本分）

豚ひき肉	250g
みそ	150g
酒	150㎖
きび砂糖	大さじ2
おろししょうが	少々

MEMO

ひき肉で作るシンプルな肉みそ

田楽のように豆腐や野菜にかけたり、麻婆豆腐のベースにしたり、さらに煮詰めてそぼろにしたりと使い勝手も様々。一度開けると保存期間が短くなるので使う分ずつ小分けに詰めましょう。ビン以外で冷蔵保存するときは、2週間ほどで食べ切って。

作り方

1 鍋にすべての材料を合わせ、肉をほ
  ぐしながら調味料がなじむまで混ぜ
  合わせる（a）。
2 ゴムベラなどで常に混ぜながら中火
  にかける。

3 フツフツと沸いてきたら（b）、火
  を少し弱め、水分が減ってきたら
  （c）火を止める。
4 熱いうちにビンのフチまで詰め、蓋
  を閉めて逆さまにし、冷めるまでお
  く（d）。

肉を使った保存食 ⑦

作りたい季節	保存期間		食べ方
通年 1 2 3 4 5 6 7 8 9 10 11 12	冷蔵 **2〜3**日	冷凍 **2**週間	揚げる、焼く、甘酢あんをかけるなど
アルミホイル	ほうろう	保存ビン	フリーザーバッグ・ポリ袋	コンテナ

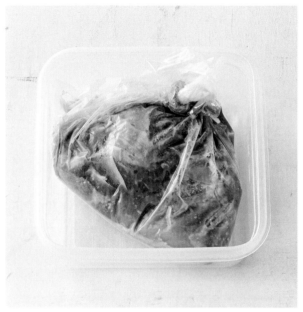

から揚げの下味

味がなじむ下味保存ならおいしい&ラク

材料（作りやすい分量＊2人分）

鶏もも肉 ……… 250 g（小1枚）
きび砂糖 ……………… 小さじ1
A［しょうゆ大さじ1/2、酒大さじ1/2、おろししょうが大さじ1/2］

作り方

1 鶏もも肉は手で皮をはがし、火が通りやすいように包丁を入れてから4cm角くらいの大きさに切る（10切れくらい）。

2 1をボウルに入れ、きび砂糖を加えて30秒くらい揉み込み、Aを合わせてさらに揉み込む。

3 2をポリ袋に入れ、空気を抜いて袋の口をしばる（a）。

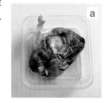

MEMO

味がなじんでから冷凍

冷凍するときは、冷蔵庫に一晩おいてから冷凍庫に移します。

食べ方

片栗粉をまぶして から揚に

から揚の下味をつけた鶏もも肉
適量はペーパータオルで汁けを拭
き取り、片栗粉適量を多めにまぶ
して180℃の揚げ油適量でカラッ
と揚げる。お好みでレモン適宜を
添える。

作りたい季節	保存期間		食べ方
通年 1 2 3 4 5 6 7 8 9 10 11 12	冷蔵 **3**ヵ月	冷凍 **6**ヵ月	ごはんのお供、肉豆腐、牛丼のベースに
アルミホイル	ほうろう	保存ビン	フリーザーバッグ・ポリ袋	コンテナ

牛肉のしぐれ煮

甘辛味としょうがの風味があとを引く

材料（全量280㎖）

牛切り落とし肉 ……………… 300g
しょうが（薄切り）………… 5〜6枚分
きび砂糖 ……………………… 大さじ1
酒 …………………………… 150㎖
水 …………………………… 150㎖
しょうゆ ……………………… 大さじ2

MEMO

脂身が少ないものを選んで

牛肉は脂が少ないものを選びましょう。脂が多い場合は、冷めたときに白く固まるので軽く温めて脂を溶かしてからが◎。ごはんのお供だけではなく、豆腐と長ねぎを合わせて肉豆腐、玉ねぎを合わせて牛丼など、主菜としても楽しめます。

作り方

1 牛肉は適当な大きさに手でちぎり（a）、
  しょうがはせん切りにする。
2 鍋に肉を広げながら入れ、きび砂糖、
  酒、しょうが、分量の水を合わせて
  中火にかける。
3 沸騰したらアクを取り、ペーパータ
  オルをかぶせて火を弱め（b）、15〜
  20分ほどゆっくりと煮る。

4 肉がやわらかくなり煮汁がなくなっ
  てきたらペーパーをはずし、しょう
  ゆを合わせて（c）、汁けがなくなる
  まで煮詰める（d）。
5 熱いうちにビンのフチまで詰め、蓋
  を閉めて逆さまにし、冷めるまでおく。

MEMO

小分けの保存が便利

一度開けると保存期間が短くなるの
で使う分ずつ小分けに詰めましょう。
ビン以外で冷蔵保存するときは2週
間ほどで食べ切ります。

肉を使った保存食⑨

作りたい季節	保存期間		食べ方
通年 1 2 3 4 5 6 7 8 9 10 11 12	冷蔵 **1**週間	冷凍 **3**カ月	パンやクラッカーにつけて、 ワインのつまみに
アルミホイル	ほうろう	保存ビン	フリーザーバッグ・ ポリ袋	コンテナ

レバーペースト

カナッペなどのおしゃれな一品にしても

材料（全量250mℓ＊145mℓビン2本分）

鶏レバー ……………………………… 200g
牛乳 ……………………………………… 適量
A[生クリーム・溶き卵各大さじ2、
おろしにんにく少々、溶かしバター
50g、塩小さじ1、こしょう・アマレ
ット各少々]

MEMO

レバー選びと血抜きがポイント

レバーペーストは臭みが出ないよう、新鮮な
レバーを使いましょう。ツヤがあり、ドリッ
プが出ていないものを選びます。レバーの中
にある血の塊を取り除けるように、必ず切っ
てから血抜きをしましょう。お酒は手に入り
やすいお好みの蒸留酒でOKです。

下準備

作り方1が終わったらオーブンを120℃に予熱して、湯煎用の熱湯を準備する。

作り方

1 レバーは適当な大きさに切ってから
　余分な脂と血を取り除き（a）、流水
　で洗ってボウルに入れ、ひたひたの
　牛乳に5～10分浸す（b）。一度牛
　乳を替え、同様に浸してから、流水
　できれいに洗い流し、ペーパータオ
　ルで水けを拭き取る。

2 ミキサーに1、Aを合わせ（c）、な

めらかになるまで撹拌する。

3 ザルでこし（d）、耐熱ビンの8分目
　まで詰めてからアルミホイルをかぶ
　せ、天板にのせて湯を張り、オーブ
　ンで30分蒸し焼きにする（e）。冷
　めたら蓋をして冷蔵庫で保存する。
　＊蒸し器の場合はごく弱火で20分
　蒸し、余熱で10分中まで火を通す。

食べ方

レバーペーストとなますを
挟んでバインミーに

20cmほどのバゲットに切り込みを入れ、下の
断面にレバーペースト大さじ4〜5を、上の
断面にマスタード小さじ1を塗り、なます
（せん切りの大根・にんじん各適量を塩揉み
して砂糖・米酢・豆板醤・ナンプラー各少々
を和えたもの）とパクチー適量を挟む。

作りたい季節	保存期間		食べ方
通年	冷蔵	冷凍	そのまま、サンドイッチ、サ
1 2 3 4 5 6 7 8 9 10 11 12	5~6日	1カ月	ラダ、スープに

アルミホイル	ほうろう	保存ビン	フリーザーバッグ・ポリ袋	コンテナ

コンビーフ

じっくり煮込んでほろほろの食感がたまらない

材料（全量280ml）

牛すね肉 ……………………………… 200g
A［塩20g、きび砂糖大さじ1/2、水200ml、ローリエ2枚、黒粒こしょう10粒］

MEMO

厚手の鍋でじっくり煮込む

肩ロース、もも、テールなどの部位でも作れます。おいしさの決め手は煮汁が多く残らないように煮ること。鍋は厚手のものを使い、じっくりコトコト煮込みます。時間がないときは圧力鍋でもOKですが、煮込みすぎて肉がパサつかないように気をつけて。冷凍するときは容器ごとフリーザーバッグに入れて。

作り方

1 Aは鍋に合わせて火にかけ、ひと煮
  立ちしたら火を止め、そのまま冷ま
  しておく。

2 牛すね肉は適当な大きさに切ってポ
  リ袋に入れ、1を注ぎ入れる（a）。
  中の空気を抜いて口をしばり、冷蔵
  庫に二晩おく。

3 2を鍋に液ごと移し、中火にかける。
  沸騰したらアクを取り除き（b）、蓋
  をして繊維がほぐれるまで、ごく弱
  火でじっくりと1時間〜1時間30分
  ほど煮込む。

4 冷めたら肉を細かくほぐし（c）、ゼ
  リー状になったゆで汁を少し加え混
  ぜ、ほうろう容器に詰める。余った
  ゆで汁もその上にのせる（d）。
  ＊ビンで冷凍保存する場合は、6カ
  月ほど保存できる。

まずはカットしてそのまま食べて

おいしさをダイレクトに味わうなら、カット、またはほぐしてそのまま食べましょう。サラダにのせたり、サンドイッチにしたり、ゼラチン部分を合わせてスープにも。

タレ・ソースの保存テク

塩分濃度が高いものは、保存性があるのでビン以外の保存容器でも
OK。使うときは、清潔なスプーンなどですくいましょう。

ねぎ甘酢ダレ
冷蔵 1カ月

材料と作り方（全量約180㎖）
長ねぎ（みじん切り）100ｇ、しょうが
（みじん切り）大さじ2を耐熱容器に入
れ、熱したごま油大さじ2をかけ、酢
50㎖、上白糖大さじ1を加えて混ぜる。
保存容器に入れ、冷蔵庫で保存する。

こんな料理に ■ ゆで野菜にかけて ■ から
揚げにかけて油淋鶏風に

梅ダレ
冷蔵 3カ月

材料と作り方（全量約180㎖）
梅干しの果肉大さじ3は、包丁で叩いて
ペースト状にして鍋に入れ、酒・みりん
各100㎖と鍋に合わせて弱火にかけ、と
ろみがつくまで煮詰める。保存容器に入
れ、冷蔵庫で保存する。＊梅干しの種類
によって、酒とみりんのバランスを変え
て甘みを調整する。

こんな料理に ■ 白身魚の刺身につけて ■
冷やししゃぶしゃぶにかけて

しょうゆ麹
冷蔵 1年

材料と作り方（全量250㎖）
深めの耐熱ビンに米麹100ｇ、しょうゆ
200㎖を入れて合わせ、アルミホイルで
蓋をして竹串で数カ所穴をあける。炊飯
釜に入れて50℃の湯をビンのフチまで
注ぎ、保温モードにして5〜6時間おく。
冷めたら蓋を閉め、冷蔵庫で保存する。

こんな料理に ■ 切り身魚のホイル蒸しに
■ スペアリブを漬けてグリルに

すし酢
冷蔵 2カ月

材料と作り方（全量250㎖）
米酢200㎖、上白糖大さじ5、粗塩小さ
じ2を鍋に合わせて中火にかけ、煮溶か
す。冷めたらビンに昆布3×7㎝1枚と
一緒に入れ、冷蔵庫で保存する。

こんな料理に ■ すし飯に（温かいごはん
1合にすし酢大さじ3を混ぜる）

焼肉のタレ

冷蔵 1 カ月

材料と作り方（全量約350㎖）

しょうゆ・みりん・おろし玉ねぎ・すりおろしりんご各100㎖、おろししょうが大さじ1、おろしにんにく小さじ1を合わせて鍋に入れて火にかけ、弱火で5分ほど煮てから白炒りごま大さじ1を合わせる。保存容器に入れて冷蔵庫で保存する。冷めてから仕上げにレモン汁少々を加えても。

こんな料理に ■ 焼いた肉につけて ■ 牛肉に揉み込んで焼く

コチュジャンしょうがダレ

冷蔵 1 カ月

材料と作り方（全量約100㎖）

コチュジャン・白すりごま各大さじ2、長ねぎ・しょうが（各みじん切り）各大さじ3、しょうゆ・ごま油各大さじ1、おろしにんにく小さじ1/2を合わせて混ぜる。保存容器に入れ、冷蔵庫で保存する。

こんな料理に ■ 焼いた鶏肉にかけて ■ みそ汁に入れてチゲ風に

はちみつみそダレ

冷蔵 3 カ月

材料と作り方（全量約150㎖）

鍋にみそ（信州みその赤）100㎖、はちみつ50㎖を入れ、混ぜながら中火にかける。1～2分してツヤが出てきたら火を止めてビンに入れ、冷蔵庫で保存する。みその種類によって塩分が変わるので、甘すぎるときはみそを多めにする。

こんな料理に ■ 田楽みそに ■ 豆腐やチーズのみそ漬けに

レモンの皮の塩漬け

冷蔵 1 年

材料と作り方（作りやすい分量）

レモン1～2個は皮をむき、白いワタを除いて（P.131柚子の皮の塩漬け参照）、皮の重さと同量の塩をまぶしてビンに詰め、冷蔵庫で保存する。刻んでフレーバーソルトとして使う。

こんな料理に ■ 肉や魚の下味に ■ ドレッシングやパスタの風味づけに

だし汁の保存

水に一晩浸けるだけでとても簡単です。ビンを使えば保存も
ラク。かつおだしと昆布だしなど、お好みでブレンドして使っても。

かつおだし

かつお節10gをお茶パックに入れてから、ビンに入れる。水500mlを注いで蓋をし、冷蔵庫に一晩おく。

冷蔵 1週間

昆布だし

ビンに昆布5×3cm 2～3枚（適量でOK）を入れる。水250mlを注いで蓋をし、冷蔵庫に一晩おく。

冷蔵 1週間

しいたけだし

ビンに干ししいたけ3～4枚を入れる。水200mlを注いで蓋をし、冷凍庫に一晩おく。

冷蔵 1週間

かつおだしの使い方

おひたしや汁物などに。かつお節は多めに入っているので1～2度水をつぎ足しながら使い、最後は煮物などにパックごと入れて煮出して使えます。かつお節の量を2～3倍にして濃いめにだしをとり、小分けにして冷凍しておき、使うときに薄めて使うこともできます。

昆布だし・しいたけだしの使い方

汁物や煮物などに。昆布だしとしいたけだしは、濃いめに作っているので、1度目は薄めて使い、その後1～2度水をつぎ足して使えます。だしをとったあとの昆布としいたけは、料理に使えます。

【旬別さくいん】

254

著者　ダンノマリコ

レシピ作成・調理・スタイリング・作り方の写真撮影

フードスタイリスト。センスがいいのに凝りすぎない、絶妙なバランス感覚の料理が人気。豊洲市場や漁港直送の旬の魚介と食材を楽しむ“ミナトゴハン”を主催し、食べ物で季節を感じられ、大人も子どもも楽しめる会を企画するなど、さまざまなジャンルで活躍。これまでに数々の雑誌、書籍の料理とスタイリングを手がける。『365日の保存びんレシピ202』(主婦の友社)、『TOFU Lovers Recipes Book たのしい おいしい とうふの本。』(朝日新聞出版)、『フライパンひとつで魚のごちそう』(青春出版社)など著書多数。

〈note〉https://note.com/kitasando_sakana

Staff

撮影　　　　　　　　　　　キッチンミノル

デザイン　　　　　　　　　吉村　亮　大橋千恵(Yoshi-des.)

調理アシスタント　　　　　岩﨑由美　千葉美保

編集協力／執筆協力　　　　丸山みき(SORA企画)

編集アシスタント　　　　　岩本明子　樫村悠香(SORA企画)

企画・編集　　　　　　　　森　香織(朝日新聞出版　生活・文化編集部)

野菜・果物・魚介・肉
365日おいしいびん詰め
保存食&食べ方テク

著者　　　ダンノマリコ

編著　　　朝日新聞出版

発行者　　橋田真琴

発行所　　朝日新聞出版
　　　　　〒104-8011　東京都中央区築地5-3-2
　　　　　電話〈03〉5541-8996(編集)
　　　　　　　　(03)5540-7793(販売)

印刷所　　大日本印刷株式会社